JN017215

一生ものの自信が手に入る自己理解メソッド

世界一やさしい

「才能」の見つけ方

八木仁平
Yagi Jimpei

KADOKAWA

はじめに

才能を見つければ、その瞬間から人生は変わる

この本は、**「あなただけの才能を見つけることで、“一生ものの自信”を手に入れる方法」**を書いた本です。

「そんなこと、本当にできるの？」

そう思うのも無理はありません。

なぜなら、多くの人が、大人になるまでに短所を指摘され続けて、「自分には才能なんてない」と自信を失ってしまっているからです。その結果、自分の欠点ばかりが気になって、それを克服することに必死になっているのです。

ですが、短所の克服は今後一切必要ありません。それは、この考えこそが、あなたの人生がうまくいかない根本的な原因だからです。あなたがやるべきことは、「自分の才能を見つけ出し、活かすことだけ」です。それだけに集中してください。

僕が本書で伝える内容は、これまでの常識からすれば、かなり非常識です。ところが、その方法によって、僕の家族、チームメンバー、お客さまなど周りにいる人は次々と自分の才能を見つけ出しています。その結果、さらに驚くべきことが起きています。

才能を見つけた後、自己肯定感が上がり、人間関係も良くなり、収入も上がり、人から尊敬されるなど、望んだ通りの人生をつ

くりだせるようになっているのです。そして、あなたも同じように才能を見つけることで人生を変えることができます。

なぜそこまで言い切れるのか。

それは僕自身が才能を見つけ出してきた経験と、自分の才能がわからない人たちの人生を変えてきた多くの実績があるからです。

僕は、大学生のときにコンビニのアルバイトをたった2ヶ月でクビになってしまいました。「アルバイトすらできない自分は社会不適合者だ」と感じ、自信を失って、社会に出ることをとても不安に思っていました。ですが、一方で「自分にも何かできることがあるはずだ」というわずかな希望も持っていました。そんな希望から、自分にできることを見つけるために、才能の研究を始めたのです。

それまでは自分の短所にばかり目を向けていたのですが、**才能を見つけたとき、人生が一気に変わったのです。**まず、才能を活かして書いたブログは累計2600万PV、出版不況と言われる中で初めて書いた本は30万部売れ、日本の2021年年間ベストセラーランキング（ビジネス書）でトップ10に入りました。さらに、今は自己理解専門会社の代表として70人のチームメンバーとともに、人の才能を見つけるサポートを仕事にしています。

このような劇的な変化をとげましたが、僕という人間自体は一切変わっていません。

ただ、自分の才能を見つけて、正しく活かす方法を身につけただけなのです。

こうした、僕自身が才能について真剣に向き合ってきた経験と、1000人以上の「才能が見つかっていない人たち」を「才能が見つかった人」へと導いてきた経験から、自信を持って言えることが1つあります。

それは、**才能を見つけると、その人の考え方や生き方、そして人生までもが劇的に変わってしまう**ということです。「才能を見つけるだけで人生が変わるなんて、おおげさな……」と思われるかもしれませんが、本当です。根本から変わってしまいます。

これらは毎日のようにお客さまから寄せられてくる声のほんの一例です。

自分に自信がついて
他人と比較することがなくなりました

自分の生き方がはっきりして迷いがなくなりました

他人に流されてしまうことがなくなり、
自分基準で人生を生きられるようになりました

収入が2倍になって驚いています

思考が変わり、前向きな言葉を
周りにかけられるようになりました

人の才能もわかるようになって、
人間関係が良くなりました！

　では、なぜ才能を見つけると、このように生き方が変わってしまうのでしょうか？　ひと言でいうと、才能を見つけたことで「本当の自分を肯定することができた」から。その結果、本当の自信がつき、自分の生き方に迷いがなくなるのです。

あなたにも必ず才能がある。ただ、見つけ方を知らないだけ

　才能は誰もが持っているものです。
　それなのに、多くの方は「才能」について漠然と「選ばれた人だけが持っているもの」「簡単には見つからないもの」と考えているのではないでしょうか。

　ここで、そもそもどうして才能を見つけるのは「難しい」のか、

考えてみましょう。

　結論をお伝えすると、それは**「才能」に関して間違った考えを多くの人が持っているから**です。

　あなたにとって才能がある人とは、どんな人でしょうか？

　野球の世界で抜きん出た成果を残している人のことでしょうか？音楽の才能があり演奏で人を感動させる「ピアニスト」などでしょうか？　残念ながら、本書でみなさんに見つけていただく才能はそういうものではありません。

本書での「才能」は
こういうもの
ではない

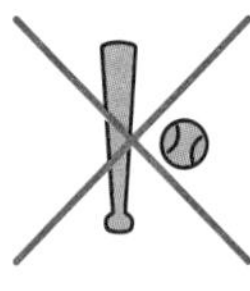

ピアノの才能

　才能は誰もが持っているものです。

「そんな才能、見つけても役に立たなそう」と思うかもしれません。それは全くの勘違いです。

　むしろ、「野球の才能」などと違って一般的なものだからこそ、日々の生活や仕事などあらゆる場面でつかうことができます。

　ほとんどの人は自分の才能に気づいていないからこそ、気づいたときには自分の人生を大きく変えることができるのです。

本書での「才能」は誰もが持っているもの
あらゆる場面でつかうことができる

世の中には、自分で見つけるまでもなく、周りから才能を引き出してもらえる人がいます。

しかし、僕も含めて多くの方はそうではないでしょう。なので、**本書では才能を見つける技術をみなさんにお伝えします。技術だからこそ、順番通りにやれば誰にでもできるもの**です。

才能にはシンプルな見つけ方がある

この本を書くにあたっては、過去の偉大な方々による才能に関しての本や研究を読み込みました。1つ1つの理論は素晴らしいものですが、才能を見つけて活かす方法をシンプルに示せている本はまだ存在していませんでした。

そこで、本書では過去の人々の発見をすぐに実行できるように体系立ててまとめました。

才能に関わる言葉すべてを明確に定義し、見つけ方を公式として示し、公式に当てはめる要素を見つけるためのステップを1つ1つ解説しています。

本書であなたがやるのは、**算数の問題を解くように、公式に自分を当てはめていく**ことだけ。

やることは全部でたったの3ステップ。あなただけの才能の見つけ方を、世界一やさしくお伝えしていきます。本書の公式に、あなたの人生を当てはめることで、圧倒的な自信を持って、劇的な人生の変化を生み出すことができるでしょう。

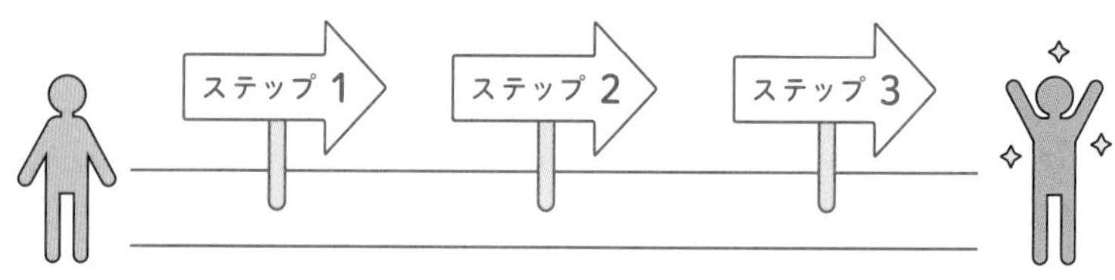

改めて断言します。

あなたには、必ず才能があります。

そして、本書を手に取ってくださった方には、一人残らず才能を自覚していただきます。

この本には、そのために必要なことをすべて書きました。

あなたはこの本を読み終わったあとに、気づくでしょう。

- **自分には才能がないのではなかった**
- **自分は才能に気づいていないだけだった**

と。

前置きはこのくらいにして、あなたの才能を最短で見つけて輝かせる方法を、詳しく説明していきます。

目次

［折込］・一生ものの自信が手に入る
「才能」をあなただけの「強み」に変える3ステップ
・「才能」の重要な公式まとめ

はじめに ── 才能を見つければ、その瞬間から人生は変わる …… 2

CHAPTER 1

なぜ、才能に気づける人と気づけない人がいるのか？

見つけ方を学んだことがないから、才能が見つからない ………… 16

才能を見つけると、生き方が180度変わってしまう ………… 18

自分の才能が全くわからずもがき続けた僕 ………… 19

「才能は見つけるもの」と気づいた出来事 ………… 22

才能が見つからない人の5つの間違い ………… 28

［才能が見つからない人の間違い①］
「人よりうまくできること」が才能だ ………… 29

［才能が見つからない人の間違い②］
「資格」や「スキル」が大事 ………… 33

［才能が見つからない人の間違い③］
「なりたい自分」になろうとする ………… 40

［才能が見つからない人の間違い④］
努力は必ず報われる ………… 46

［才能が見つからない人の間違い⑤］
成功者から学べば、成功できる ………… 49

人は今、この瞬間から自信を持つことができる ………… 53

CHAPTER

学ぶと世界の見え方が一変する「才能の公式」

公式を知らないまま、才能について考えてはいけない …… 58

「なんでできないの？」と思ったら才能を見つけるチャンス …… 58

「動詞」に注目すれば才能が見つかる …… 62

「遺伝で才能は約50%決まる」という事実を前に、どう生きるべきか …… 64

「自分を変えるには？」ではなく「自分を活かすには？」と考える …… 70

才能を誰も真似できない強みに変える「2つの公式」がある …… 72

[才能の公式①]「短所←才能→長所」 …… 73

[才能の公式②]「才能×スキル・知識＝強み」 …… 80

「才能」をあなただけの「強み」に変える3つのステップ …… 86

「これは才能？」迷ったときの7つのチェックリスト …… 90

CHAPTER

自分の中に眠る宝物を掘り起こす「才能を見つける技術」

「自分には才能がない」。その考えは間違っている …… 94

「これが私の才能だ！」と揺るがない自信を持つには？ …… 94

一度作れば一生つかえる「才能マップ」を手に入れる …… 98

見落とさないように、あらゆる角度から才能を見つける …… 99

才能発見ワークに取り組む3つのポイント …… 100

[才能を見つける技術①] 5つの質問に答える …… 102

Q1　他人にイラッとすることは？ …… 102

Q2　親や先生によく注意されたことは？ …… 104

Q3　やっちゃダメと禁止されると辛いことは？ …… 108

Q4　あなたの短所を「だからこそ」で言い換えるとどうなりますか？ …… 111

Q5　他の人は嫌がるのに、自分には楽しいと思えることは？ …… 113

[才能を見つける技術②] 1000リストから選ぶ …… 117

[才能を見つける技術③] 3つの切り口で他人に聞く …… 119
他人に聞く切り口1　人から褒められて意外だったことは？…… 122
他人に聞く切り口2　私が他の人と違う点はなんですか？ …… 125
他人に聞く切り口3　私は何をしているときが楽しそうですか？…… 128
人生を1枚の紙にまとめて、立ち返る場所を作ろう …… 132
「人並みの才能」を「突き抜けた才能」に変える考え方 …… 136

CHAPTER

あなたらしく輝けるようになる「才能を活かす技術」

「自分を受け入れられた」で満足してはいけない …… 140
グングン前に進む人が実践している「ヨットの法則」…… 141
「長所・短所」への正しい向き合い方 …… 142
「悪循環にハマる人」と「好循環に乗れる人」のたった1つの違い …… 148
一生武器になる技術を、無意識レベルでつかえるようになる…… 151
長所を活かす2つの技術 …… 151
[長所を活かす技術①]
クラフト法――仕事を天職につくり変える魔法の技術 …… 154
[長所を活かす技術②]
環境移動法――長所が輝く環境を再現性をもって手に入れる技術 …… 158
短所をカバーする3つの技術 …… 161
才能4タイプ分類表 …… 162
「短所を封じる努力」は必ず無駄に終わる …… 164
[短所をカバーする技術①]
手放し法――自分らしくないことを全部削って自由になる技術 …… 166
[短所をカバーする技術②]
仕組み法――目覚まし時計のように短所のカバーを自動化する技術 …… 170
[短所をカバーする技術③]
人頼り法――ラクになりながら社会貢献もできる一石二鳥の技術 …… 173

99%の無駄を捨て、1%に集中する …… 181
「我慢は不要」だが、「忍耐は必要」 …… 183

CHAPTER 5
誰も真似のできない強みを手に入れる「才能を育てる技術」

あなたはまだ自分の可能性の10%しかつかっていない …… 188
仕事とは「当たり前」と「ありがとう」の交換 …… 188
「才能」を「強み」に育てるための4つの技術 …… 192
[才能を強みに育てる技術①]「ロールモデル」を見つける …… 194
[才能を強みに育てる技術②] 他人に「アドバイス」を求める …… 197
[才能を強みに育てる技術③] 4タイプの「スキル分類」から選ぶ …… 199
[才能を強みに育てる技術④]「好きなこと」を探求する …… 199
自分の才能を見つければ、他者の才能も見つけられるようになる 206
あなたの才能は、地球上での役割を教えてくれる …… 208

おわりに
——「強みを手に入れたあと」に必ずやってくる試練とは …… 211
参考文献／参考論文 …… 215
謝辞 …… 216

巻末4大特典

才能を「見つける→活かす→育てる」実践ビジュアルフローチャート 218
才能の具体例1000リスト …… 220
才能を「見つける→活かす→育てる」300の質問 …… 249
これさえ受ければOK！ おすすめの才能診断 …… 262

How to find
your
talent.

ブックデザイン：菊池祐（ライラック）
本文デザイン：Mai Seike（株式会社メタ・マニエラ）
カバーイラスト：金安亮
編集：尾小山友香

CHAPTER 1

なぜ、才能に気づける人と気づけない人がいるのか？

見つけ方を学んだことがないから、才能が見つからない

「天才」という言葉があるように、「才能」とは、一部の人だけに天から与えられるものと思われがちです。そのため、「才能」を「見つける」という発想は世の中にほとんどありません。

才能の見つけ方は学校でも教えてもらえませんし、教科書もありません。だから、**ほとんどの人が、才能を見つける方法があることを知らず、そもそも自分に才能があるなんて思っていないのです。**その結果、「自分の才能」に気づかずにあっという間に人生を終えてしまいます。

「これまでに才能や強みに関する本をいくつか読んできたけれど、才能を見つけることができなかった」

という人もいるかもしれません。そんな方にまず知ってほしいことがあります。それは、

「『才能』が見つからないのは、言葉の分類が足りていないから」

という前提です。

あなたは、以下の言葉の違いを理解していますか？

- 才能
- 長所
- 短所
- 強み
- 弱み
- 得意なこと
- 苦手なこと
- 性格

おそらく、99%の人がわからないでしょう。しかし今はまだそれで大丈夫です。本書を読み進めていくことで、スッと理解できていくので。

このような言葉の違いを明確にせず、ボンヤリとした言葉で思考するから、いつまでも才能が見つからないんです。

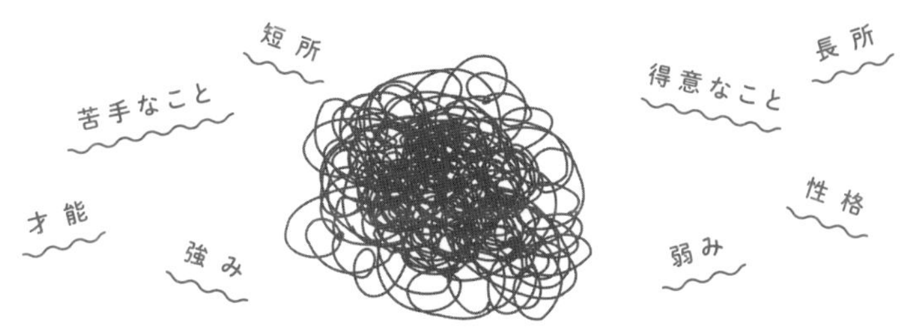

POINT

「才能」が見つからないのは、
言葉の分類が足りていないから

才能を見つけると、
生き方が180度変わってしまう

あらためて、才能とはすべての人にあるものなのでしょうか？

そして、見つけることができるのでしょうか？

その質問に、僕は胸を張って「YES」と答えます。

それは僕自身の実体験と、これまで「才能の見つけ方」をお伝えしてきた方々が驚くほど変化することを目の当たりにしているからこそ言えることです。

才能を見つけずに生きている人は、陸にいる魚に似ています。これは、自分の才能に合わない環境で必死にもがいている状態を表しています。その魚が「自分は陸でがんばらないといけない」と思い続けたらどうなると思いますか？　最悪の場合は死んでしまうでしょう。

一方で、才能を活かしている人は、水の中にいる魚です。自分の

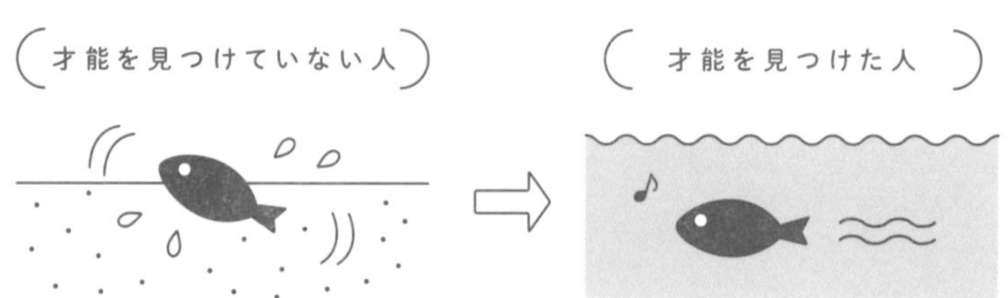

才能を活かせる場所で元気いっぱい泳いでいるような状態です。才能を見つけているかどうかで、人生はガラリと変わります。

あなたはどちらの自分で生きたいですか？

自分の才能がどんな場所で活きるのかを知っているかどうかで、自信も、出せる成果も、人生の自由度も別モノになります。

もしあなたが自分の才能にまだ気づいていなければ、**才能を活かせるようになったとき、今あるストレスは1/10に、成果は10倍になります。**

POINT

才能を活かしていない人は「陸にいる魚」
才能を活かしている人は「水の中にいる魚」

自分の才能が全くわからずもがき続けた僕

このような本を書いたり、会社を経営していると言うと、「もともと自分の才能に気づいていたのでは？」と思われるかもしれません。それがまるで逆なんです。僕は長い間、「人見知りである」というコンプレックスを抱えて生きていました。

仕事ができずコンビニバイトを2ヶ月でクビになる

大学1年の春休みのことです。友人と2人、旅行で名古屋にいました。

ファミレスで晩ご飯を食べていると、電話がかかってきました。バイト先のコンビニの店長からです。普段電話がかかってくることはほとんどないので、「なんだろう?」と不思議に思いながら電話に出ました。

「八木さん、あなたは仕事のモチベーションも低くて、よく直前に風邪で休むし、あまりシフトも入れないから、もう次からバイトに来なくていいよ。それじゃあ」

急なことで気が動転した僕は、「はい、はい」と返事をすることしかできず、そのままクビになってしまったのです。

そのコンビニは自宅の近くで、時給が1000円と好条件でしたし、ラクそうだったので応募しました。実際に始めてみると、品出し、切手の販売、ホットスナックの準備、おにぎり作り、クリーニングの受け取り、電子マネーの使用方法など、わからないことだらけ。わからないことがあっても、人見知りなので先輩に聞くこともできません。

最も苦痛だったのは、壁一面に並んでいる100種類近くのタバコの中からお客さまが求める銘柄を一瞬で選び出し、間違いなく渡すという仕事。「他のアルバイトの人にできることが、なんで僕にはできないんだろう。あぁ、もうバイトに行きたくない」とどんどんモチベーションが下がっていきました。

店長からの電話にぐうの音（ね）も出ず、コンビニの仕事すら満足にできずにクビになった自分のことを、「ダメなやつ」と思うようになりました。

思い出すだけで胃が痛くなってしまう、たった1日で逃げた仕事

恥ずかしいのであまりお話ししたくないのですが、そのあとのバイト選びでも失敗しました。

次にやった仕事はテレアポのバイトです。

仕事内容は、会社の持っているインターネット上のショップに、出店してくれそうなお店を探して電話営業をかけるというもの。

しかし、僕は電話が大の苦手です。バイト初日、仕事を教えてくれた社長から「不安そうだけど大丈夫？」と心配されるほどの表情だったのです。

電話をかけ始めると、「つながらないでくれ……！」と祈っているような状態。なんとかつながっても、頭が真っ白になってうまく話すことができません。

それからは、電話をかけるのが怖くてたまらなかったので、営業先を検索するフリをして2件目以降の電話をかけずに初日をやり過ごしました。**結局、その日限りでバイトから逃げてしまいました。**思い出すだけでも、手が震えて胃が痛くなってしまうような経験です。

ですが、そうなってしまうのも当然です。僕は自分に電話がかかってきても絶対に出ずに、妻に出てもらうくらいに電話が苦手なのです。

「よりによって、なんでそのバイトに応募した？」とツッコミたくなります。**当時の僕は自分の才能が全くわかっていなかったので、自分の才能から180度ズレたアルバイトに応募してしまっていたのです。**

この本を書こうと思ったのは、そんな僕でも才能を見つけ、才能を活かせる場所を手に入れるという経験をしたからです。「誰にでも才能があり、必ず見つけることができる」。これが、僕が今一番伝えたいことなのです。

POINT

誰にでも才能があり、必ず見つけることができる

「才能は見つけるもの」と気づいた出来事

がんばっても、直らない人見知り

バイトはうまくいかなかったけれど、自分を変えて何者かになりたかった僕は、もがきました。

とにかく人と話す回数を増やせば人見知りが直せるかもしれないと思い、勇気を振りしぼりヒッチハイクに挑戦することにしました。

大学の春休みをつかって、西日本をヒッチハイクで1周しました。ネットカフェに寝泊まりしながら初対面の人の車に乗せてもらって、なんとかコミュニケーションを取ることを3週間ほど、くる日もくる日も「怖い」と心臓をバクバクさせながらヒッチハイクをしました。人見知りを直せるかもしれないという希望を持って。

気づけばいつの間にか、ヒッチハイクの経験は100回になっていました。そして、振り返ったときに気づきました。

「自分の人見知りは何も変わってない」

と。

あいかわらず初対面の人と話すのは緊張するし、道の向こうから知り合いが歩いてきたら、すれ違わないように遠回りであっても逃げるし、エレベーターに他人と乗るのは絶対に嫌です。それに気づいたとき、「ここまでやって変わらないなら、もう無理なんだ」と悟りました。そこで僕はもう、人見知りを直すことを諦めました。考え方を180度転換したのです。**「苦手なことは諦めて、自分が無理なくできることをやろう」と。**

それが僕の人生の大きな転機になりました。

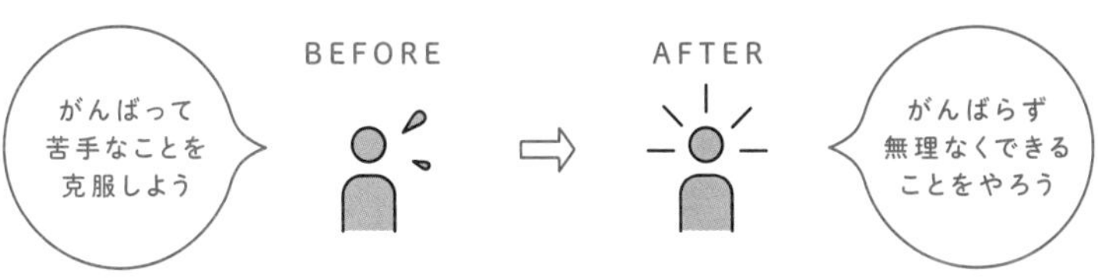

自分は何も変わっていない。けれど、現実が大きく変わり始めた

実は、ヒッチハイクをしていたときに、「ヒッチハイクの成功方法」を体系化したブログを書いていました。

自分が挑戦したときに、調べても「どうすればヒッチハイクが成功するか」という内容をまとめてくれている人がいませんでした。だから、「そんなブログを書けば読んでくれる人がいるかもしれない」と思ったことがきっかけです。ブログを書くことは僕にとって無理なくできることです。

なんと、その僕が書いたブログが、検索エンジンでヒッチハイクについて調べたときに、トップに上がってくるようになっていました。

当時は自覚していませんでしたが、「知識を体系立てて伝える」才能が活かせたことでこのような結果になったのでしょう。

「これはすごいことなのでは？」

と思い、ブログを書く時間を増やしてみることにしました。

ヒッチハイク以外にも自分の知っていることをブログにまとめていったのです。

本格的にブログを始めて1週間ほどで書いた「高田馬場の美味しいラーメンまとめ」という記事。この記事がいくつかのニュースサイトに取り上げられて、ブログを始めて短期間にもかかわらず閲覧者が1万人を超えました。右肩上がりのアクセス数を見て、どきど

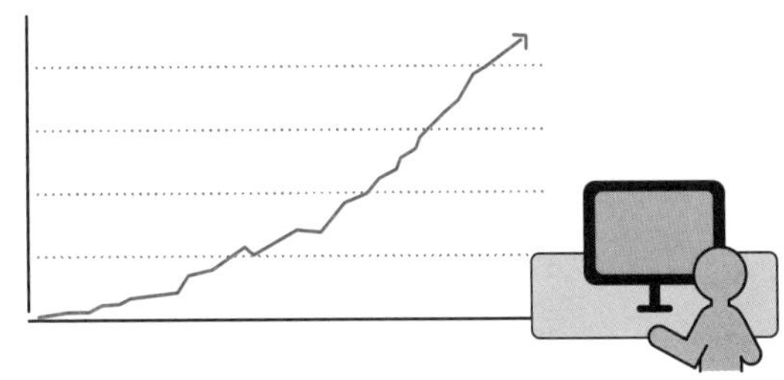

きしていたのを覚えています。

このとき、僕の中に1つの仮説が生まれました。

「才能を活かせれば、自然と大きな結果が出るのではないか？」

手応えをつかんだ僕は、毎日のようにブログを書きました。ブログを書くことは全く苦ではなかったので、大学の授業中も、ゼミの最中も、昼休みも、授業が終わってからも、ひたすら書いていました。

大学の友達からは、ブログを書いていることをイジられたりもしましたが、夢中になっていたのであまり気になりませんでした。

ブログを続けると、日に日にブログのアクセス数は伸びていき、なんと開始から1年半で月100万円をブログ収入として得ることができるようになりました。

当時は、この世の真理を知ってしまったかのような感覚でした。以前と、世界の見え方が全く変わってしまったのです。

このとき、仮説は確信に変わりました。

「才能を活かしたら、間違いなく自然と大きな結果が出る」

そこから、確信を深めた僕は、次に本の執筆をしました。

初めて執筆した本は、一気に10万部を突破し、20万部、30万部と重版され、日本の2021年年間ベストセラーランキング（ビジネス書）でトップ10にランクインしました。

すると、これまで「役立たず」だった僕が、「才能がある」と言われるようになりました。

けれど僕自身は何も変わっていないのです。ただ、**苦手なことを手放して、才能を活かし始めただけ**なのです。

どちらも同じ自分。変わったのは才能の活かし方

・コンビニアルバイト
2ヶ月でクビ
・テレアポバイトから
1日で逃げる

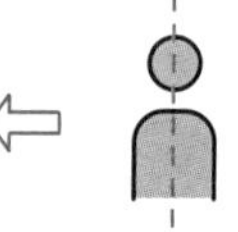

・ブログ累計2600万PV
・30万部のベストセラー
・メンバー70人の
会社代表

「才能の見つけ方」が誕生した日

自分の人生の劇的な変化に驚いた僕は、何が起きたのかを解明するために、才能についての本を読み漁り、世の中で「才能がある」と言われている人のことを調べました。

その結果、才能の見つけ方を整理することができました。

ただ、そこで発見した才能の見つけ方は、世の中で言われている常識からすれば、かなり非常識です。ところが、その才能に関する考え方を周りの人に伝えると、

才能に気づけて、ずっと抱えていた劣等感から解放されました

会社で昇進し、キャリアアップのための転職も成功しました！

と、どんどん大きな変化が起きるようになりました。そして、チームメンバーがその方法を実践したところ、

僕はチームワークを良くする才能があるので、さらに磨いていきます！

私は、仕組み化ができるので、ここでナンバーワンを目指します！

と、次々と才能に気づいていくようになりました。

才能の見つけ方を整理したあと、「なんで、今までこれを教えてくれなかったんだろう？　もっと早く知ることができたらずっとラクに生きられたのに」と思いました。教えた方からも、当時の僕と同じように、

「これ、もっと早く知りたかった。けれど、今知ることができて本当によかったです」

と言われます。

もしかしたら、これまでの経験の中で、この本に書かれている才能の公式を実践している方もいらっしゃるかもしれません。

すでにやっている方は、そのプロセスを確認するためにつかってください。やっていない人は、公式に沿って進めてみてください。

一人でもがくよりもずっと早く、数段とばしで才能を見つけられるように、やるべきことをすべて整理してあります。

POINT

人生を変えるのに、自分を変える必要はない。
才能を活かし始めれば、人生は勝手に変わる

才能が見つからない人の5つの間違い

才能を見つける、活かす、育てるまでの3ステップを説明する前に、まずは「才能」が見つからない人が陥っている間違いを解いておきます。

なぜなら、**ここで挙げる「5つの間違い」を解消しないまま「才能」を見つけようとしても、なかなか見つからない**からです。

この5つの間違いを解くだけで「才能」がわかってしまう人もいます。それほど、この「思い込み」は強烈です。

あなたにも、心当たりがあるかもしれません。一緒に1つずつ間違いを取り除いていきましょう。

［才能が見つからない人の間違い① ］

「人よりうまくできること」が才能だ

あなたには、「世界一うまくできること」はありますか？

おそらく、ほとんどの方が首を横に振るでしょう。もちろん、僕も同じです。

では、あなたは「才能」をどんなものだと思っていますか？

才能を「人よりうまくできること」だと考えていないでしょうか。

例に漏れず僕もそう思っていました。

「説明することが得意だけど、自分よりもうまい人はいる」

だから、「自分に才能なんてない」と思ってしまっていました。

しかし、そう感じてしまうのは、そもそもの「才能の定義」が間違っているからです。

その状態ではどんな才能を見つけても、「でも自分よりうまくできる人がいるし、これは才能ではない」と思ってしまいます。

しかし、間違いが解けた方は「自分にはたくさんの才能がある」と言い切ることができるようになっていきます。

正しい「才能の定義」とは？

では、正しい才能の定義とは何なのか？　それは、

「つい、やってしまうこと」

これなんです。

才能を見つけるときには、他人と比べる必要は一切必要ありません。

自分が「つい、やってしまうこと」であれば、それが才能です。

言い換えると「自然とやっていること」でもあります。

「『つい、やってしまうこと』って、八木さんどういうこと？」と思いましたよね。例えば、

・つい、すぐ行動してしまう
・つい、人間観察をしてしまう
・つい、リスクを考えてしまう
・つい、目立とうとしてしまう
・つい、ネガティブに考えてしまう
・つい、人の気持ちを考えてしまう
・つい、人に話しかけてしまう

これらはすべて才能です。

ここで、才能を実感するためのワークをやってみましょう。

「頭の中で紙を思い浮かべて、
手で自分の名前を書いてみてください」

書けましたか？

では質問です。

「どちらの手で名前を書きましたか？」

おそらく、ほとんどの方が利き手をつかって書いたはずです。

そして、利き手をつかって書くときに、「利き手をつかおう」と意識すらしなかったはずです。

これが、「つい、やってしまうこと」です。

「才能」もこれと同じで、みなさんがいつも、意識せずにやってしまっていることなのです。

しかし、利き手をつかうのは自分にとって無意識な行動なので、「どちらの手で名前を書きましたか？」と質問されるまでは、「今、利き手で書いている」と気づけていた人はいないでしょう。**「才能」も同様に、普段からずっとやっているのに、あえて意識してみるまで気づけません。**だからこそ、時間をとって行動を振り返ることで、自分がつい無意識につかっている「才能」を見つける必要があるのです。

その振り返りをサポートするのが本書の役目です。

本書を読む中であなたは、なにげない日常で実は才能が活かされていたことに気づいて、自分自身への見方がどんどん変わっていくでしょう。

しかし、才能とは「つい、やってしまうこと」だと聞いて、

「それがどう役に立つのかわからない」

「仕事では数字で同僚と比べられる」

「現実はそんなに甘くない。社会で評価されるものでなければ意味がない」

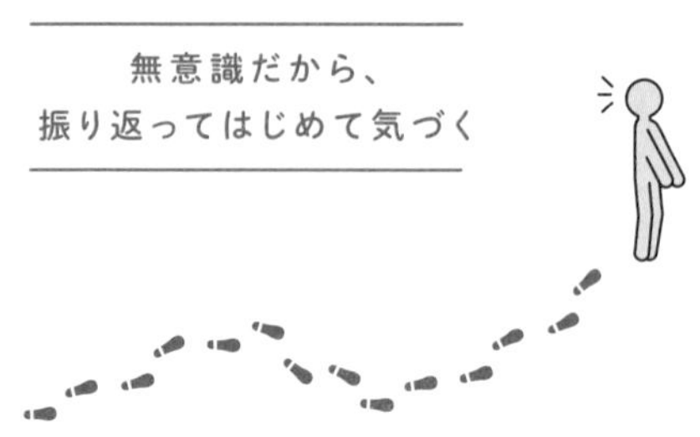

そんな声が聞こえてきそうです。

「仕事にする」という視点で見たときには、確かにおっしゃる通りです。ですが、灯台下暗しとはまさにこのこと。あなたがいつも「つい、やってしまうこと」こそが、素晴らしい宝物なのです。

「才能をどのように仕事などに役立てていくのか」については、CHAPTER2で詳しく説明していきますね。

本書を読み終わったあとには、自分の才能に無限の可能性が眠っていることに気づいてワクワクが止まらなくなると思います。

まずここでは、「つい、やってしまうこと＝才能」なんだとわかってもらえれば問題ありません。

POINT

(間違い)
人よりうまくできること
=才能

(真実)
つい、やってしまうこと
=才能

［才能が見つからない人の間違い②］

「資格」や「スキル」が大事

「才能」とよく間違われるのが、資格に代表される「スキルや知識」です。この2つは似ているようで全く違います。

「才能」の例は「リスクを考えられること」「人の気持ちを大事にできること」「1つのことを突き詰められること」などです。

一方で「スキルや知識」とは、「英語が話せる」「プログラミングができる」「料理ができる」などのことです。

これらは3つの点で全くの別物です。

まず1点目。「才能」は、特別な努力をせずに身についたもので、「スキルや知識」は学ぶことで後天的に身につけたものという違いがあります。

2点目。「才能」は一度知ってつかえるようになれば、どんな仕事でもつかえるもので、「スキルや知識」は特定の仕事でのみ活用可能なものです。

3点目。「才能」は一生つかい続けることができます。一方、「スキルや知識」は古くなってつかえなくなる可能性があります。

表にまとめるとこのようになります。

才能	資格などのスキル・知識
生まれつきなど、特別な努力をせず身についたもの	後天的に身につけたもの
どんな仕事でもつかえる	特定の仕事でしかつかえない
一生つかえる	古くなりつかえなくなる可能性がある
例：「リスクを考えられること・人の気持ちを大事にできること・戦略を立てること」	例：「英語・プログラミング・マーケティング・看護師・会計士」

「え？　じゃあスキルや知識は重要じゃないの？」と思われたかもしれません。

「スキルや知識」は、もちろん必要なものです。

ですが、時代の変化とともに陳腐化してしまいます。昔は、ソロバン教室に通って資格を取ると就職に有利でしたが、今はそんなことはありませんよね。スキルとは、そういうものです。

また、一度身につけたスキルや知識に依存して、人生の自由度を

下げてしまう人もいます。

そして、この「スキルや知識」を重視している人は、なかなか「才能」を見つけることができません。

例えば、看護師の資格を取ったとします。資格取得のために努力をしたことは、本当に尊いことです。

でも、看護師の仕事を辞めてしまったらどうでしょうか？

その資格自体は無駄になってしまうかもしれません。

僕のところによく「転職したいけれど、看護師の資格を活かしたいと思っている」など今持っている資格を活かしたいという相談がきます。

これは、自分の「やりたいこと」よりも「資格を活かす」ことの優先順位が高くなってしまっている状態です。

そうやって選んだ次の仕事が、本当にあなたを幸せにしてくれるでしょうか？

人生を豊かにするための資格が、逆にあなたを縛っているとしたら本末転倒です。

また、例えば、公認会計士の資格を取ったとします。

ものすごい努力が必要なことで、本当にすごいことです。けれど、実際に仕事を始めてみたら自分には合っていなかったとしたらどうでしょうか？

実際にこんな相談を受けたことがあります。

「公認会計士の資格を取って会計事務所に就職したものの仕事が

合わなかったので、辞めたいんです。けれど、これまでの努力が水の泡になってしまうと思うと、決断できません」

これもまた、自分の「やりたいこと」よりも「資格を活かす」ことの優先順位が高くなってしまっています。

このように、資格を代表とする「スキルや知識」を重視した生き方はとても不自由です。

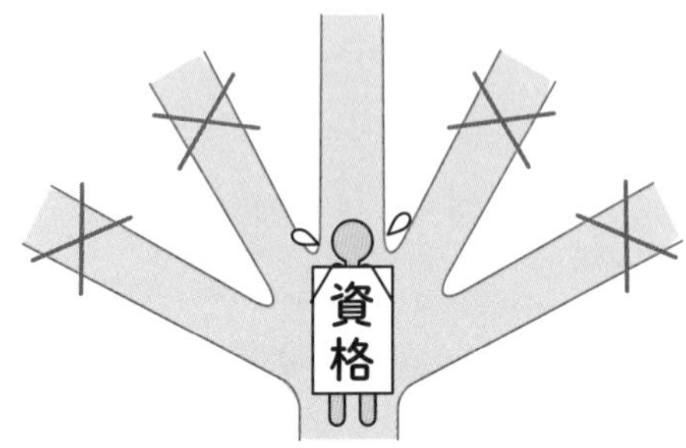

では、どうすればいいのでしょうか？

答えは簡単です。

「自分の外」に向いている目を、「自分の内」に向ければいいのです。

自分の「外側にあるスキルや知識」を求めるのではなく、「内側にある才能」に目を向ければいいのです。「スキルや知識」をつかうのも、結局は自分自身。だから何よりもまず、「自分の才能」について学ばなければいけません。

才能がわかれば、好きなことで自由に生きられる

「自分には◯◯の才能がある」と気づけば、どんな時代でも、どこへ行っても活躍できるという圧倒的な自信がつき、自由な人生を送ることができるようになります。

「学校の管理栄養士の仕事を辞めて、転職したい」

そう相談してくれたのは、20代のSさん。

才能を見つけるためのプログラムを通じてやりたいことと向き合った結果、「ダイエットヨガのインストラクターをやりたい」という想いを見つけ出しました。ですが、未経験の仕事のため、「転職できるのかな」と、とても不安そうでした。

たしかに、管理栄養士の資格は、ヨガインストラクターの仕事には直接役立たないように思えます。

こういうときに大事なのが「才能」です。

Sさんの過去の経験を聞くと、管理栄養士の仕事の中でも「栄養指導」の仕事はとても楽しく、成果も出せたそう。

なぜ成果が出せたのか秘訣を聞いてみると、「相手の反応を見ていると、何がわかっていないのかをパッと気づけるので、そこを詳しく説明するようにしている」とのこと。

見つけました！ 「相手の反応に合わせて、適切な説明ができる」、これがまさにSさんの才能です！ **この才能は、どんな仕事にも役立てることができます。**

ヨガインストラクターへの応募書類には、この「才能」に焦点をあてて、「栄養指導のときと同じように、お客さまの反応を見なが

らていねいに進めることができます」と書きました。

無事に書類選考は通過。面接でも、その点を強調して伝えるようアドバイスしました。

後日、Sさんから連絡がありました。

「八木さん、ヨガインストラクターとして採用していただけることが決まりました！」

うまくいくだろうと思っていたものの、やはりこの瞬間は何度味わっても感動します。

「才能」を見つけることで、職種も業界もまたいでのキャリアチェンジが可能になります。

才能を見つけた人は、年齢も、経験も関係なく、いつからでも自分の望む働き方を手に入れることができるのです。

才能を見つければ、あなたにも必ずできます。

どんな「スキルや知識」よりも、まず才能を見つける

注意してほしいのは、「スキルや知識」が必要ないということではありません。大事なのは順番です。

まずは「才能」を見つける。その才能を土台として、「スキルや知識」を上乗せする。それによって、「あなただけの強み」が生まれるのです。

先ほどのSさんの場合は「相手の反応に合わせて、その都度適切な説明をする」という才能の上に、「ヨガインストラクター」のスキルと知識を身につけました。

この順番を覚えておいてください。

多くの人は「スキルや知識」を学ぶことに時間をかけます。

「才能」は人生の土台となるものなのに、見つけることに誰も時間をかけようとしません。

そもそも、自分に才能があることすら気づいていないのです。

だからこそ、気づいた方にとってはとてつもなく大きなチャンスです。

あなたの才能は、あなたが生きている限り、あなたの一生の武器になるのです。

そんな一生ものの才能を、本書で見つけていきましょう。

POINT

間違い

「資格」や「スキル」が大事

真実

一生つかえる才能が大事

［才能が見つからない人の間違い③］

「なりたい自分」になろうとする

「僕はなりたい自分という言葉が嫌いなんです」

僕が講演会でそう言ったとき、会場にいたお客さまはそろって一瞬ビックリした顔になりました。

おそらく、多くの人が「なりたい自分」を目指すことはいいことだと思っていたからでしょう。

なぜ僕は「なりたい自分」という言葉が嫌いなのか？　それは、「なりたい自分」と言ったときに、その対象は「自分の外側」にあるからです。

「あの人みたいになりたい」「こんなふうになりたい」

これは「憧れ」と呼ばれるものです。一般的には、「憧れ」は綺麗でキラキラしたものだと思われています。

ですが実は、「憧れ＝自己否定」なのです。

なぜなら憧れとは「今の自分はダメだから、なりたい自分になろう」という発想から来るものだから。しかし自己否定をして憧れる必要なんてありません。あなたは気づいていないだけで、素晴らしい才能をすでに持っているからです。ただその才能を活かせばいいだけなのです。

「なりたい自分」を手放せば、才能が見つかる

多くの場合「憧れる相手」は「自分にないもの」を持っている人です。

かく言う僕も、ずっと他人に憧れて生きてきました。僕の場合は兄に対してです。兄は、小学校では運動会の応援団長、中学・高校ではバドミントン部の部長をするような、社交的で誰とでも仲良くなって、いつもみんなの輪の中心にいるような存在です。

僕は、人見知りで一人でいるタイプだったので、「なぜお兄ちゃんみたいに友達が作れないんだろう？」と、ずっと自己否定を繰り返していました。その結果、前述のようにヒッチハイクまでして人見知りを克服しようとがんばりましたが、撃沈。

あなたも同じように短所を克服するために努力した経験はありま

せんか？

ここで、あらためて伝えたいことがあります。

「なりたい自分や憧れは悪いものです。今日限りで捨ててしまいましょう」

僕がなぜ、「憧れ」をここまで否定するかというと、憧れというのは本来、現代でつかわれているようなポジティブな言葉ではなかったからです。

あなたは「憧れる」という言葉の語源を知っているでしょうか？「憧れる」の語源は「あくがる」であり、「本来の場所を離れてさまよう、心が体から離れる」という言葉でした。つまり「憧れ」とは、「本来の自分から離れている」状態とも言えるのです。

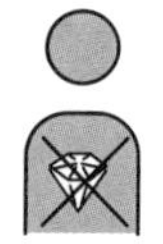

ちょっと考えてみてください。「憧れ」という感情をいだいているときのあなたはどんな気持ちですか？　理想的なイメージの中にひたって気持ちいいけれど、本来の自分の姿を見ることができていない状態ではないでしょうか？　まさにその状態をヨシとしてしまっているのが、あなたがいつまでも才能を見つけられない原因なんです。

はっきり言いますが、「憧れ」を手放さないかぎり「自分の才能」は絶対に見つからない、と言っても過言ではありません。

「なりたい自分」への憧れが、あなたの才能を殺します。

憧れが才能を殺し、諦めが才能を活かす

「でも、そんなに簡単に憧れを手放すことができるものかな？」

そう思われる方もいるかもしれません。
実は、憧れは「自分を知ること」で手放すことができます。

なぜでしょうか？
迷ったときは、言葉の意味に立ち返るとシンプルな答えにたどりつけることがあります。ここでは、「諦める」という言葉の意味を考えてみましょう。
「諦める」という言葉の定義を辞書で調べてみると、「いろんな観察をまとめて真相をはっきりさせること」と出てきます。
実際に、日本語の「諦める」と「明らか」は語源が同じと言われていて、「物事の真実の姿を明らかにすることで、やっと諦められる」というニュアンスが含まれています。
つまり、「本当の姿が明らかになると、ありのままを受け入れて憧れを諦められる」ということです。

ここで、みなさんに質問です。

空を飛んでいる鳥と自分を比べて、「なんで自分は飛べないんだろう」と思うことはありますか？
おそらくないはずです。それは、「自分は空が飛べない」と諦め

ているからです。

　また、ドラゴンクエストなどのゲームでは、自分の能力値が数字で明らかになっています。

　だから、攻撃力の低い魔法使いは剣を持って戦おうとはしません。それは、「自分は剣で攻撃しても勝てない」と諦めているからです。

　あなたが誰かに憧れてしまうのは「自分もそう生きられるかもしれない」とまだ希望を持っているからです。もちろん過去の僕もそうでした。がんばれば、人見知りが克服できるかもしれない。

　そう思って、必死にもがいていました。

　結果は、みなさんご存じの通りです。

　ですが同時に、素晴らしい収穫もありました。もがいて、自分と向き合った先に「人見知りが全く直っていない」ことが明らかになり、諦めることができたのです。

　そうすることで、自分の才能を活かして生きるという腹をくくれました。

以上の話を表に整理すると、次のようになります。

憧れ	諦め
なりたい自分	なれる自分
自己否定	自己肯定

そして、覚えておいてください。

憧れが才能を殺し、諦めが才能を活かすのです。

諦めることができた瞬間には「やっと諦めることができた」という清々しい気持ちで、本当の自分の才能に目を向けて人生を生き始めることができるようになるのです。

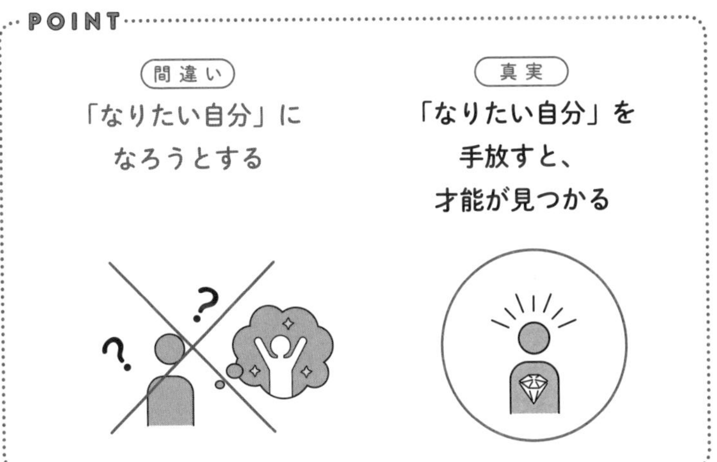

［才能が見つからない人の間違い④］
努力は必ず報われる

うまくいかなかった仕事。

失敗したプロジェクト。

すぐに辞めてしまったアルバイト。

何がいけなかったのでしょう。

努力が足りなかったから？

それもあるかもしれません。けれど、みなさんも自分の人生を振り返って薄々気づいているのではないでしょうか？

報われる努力と、報われない努力があることに。

世の中では、

- **努力すれば成功する**
- **努力しなければ成功しない**

このいずれかだと考えられています。しかし、それは間違いです。

本当はこうです。

- **才能があるものに対して努力して、楽しみながら大成功する**
- **才能がないものに対して努力して、しんどい思いをしながら成果も出ない。そして努力することをやめてしまう**

これは、研究でも証明されています。

アメリカのネブラスカ大学において16歳の学生を対象にした研究では、学生を「読むことが得意なグループ」と「読むことが平均的なグループ」に分け、3年間同じ訓練をしました。

「読むことが平均的なグループ」は、練習前に毎分90語のペースだったものが、3年後に150語になりました。伸び率は1.6倍以上です。

「読むことが得意なグループ」は、毎分350語のペースだったものが、3年後に2900語以上読めるようになりました。なんと8倍以上の伸びです。

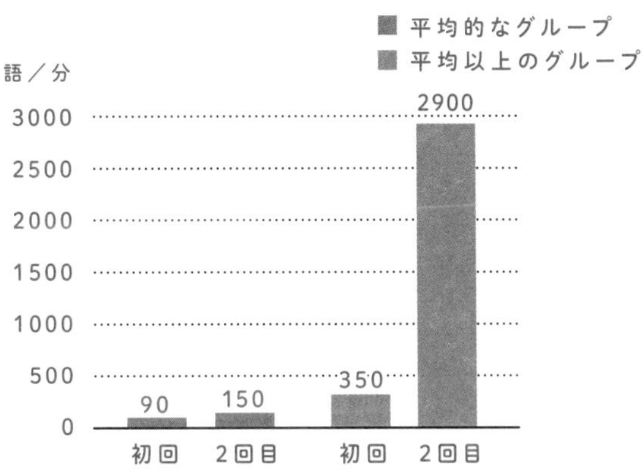

つまり、この研究から次のことがわかります。

- **才能がないことを努力しても、大きな結果は出ない**
- **才能があることを努力すれば、大きな結果が出る**

そして、同じ時間をかければかけるほど、もともと得意な人との差は広がってしまいます。

P.F.ドラッカーもこのように言っています。

「努力しても並にしかなれない分野に無駄な時間を使わないことである。強みに集中すべきである。無能を並の水準にするには、一流を超一流にするよりも、はるかに多くのエネルギーを必要とする」(『プロフェッショナルの条件』ダイヤモンド社)

「努力は必ず報われる」と思っている人は、自分の才能に気づきにくいでしょう。

努力しなくてもできる「才能」を育てれば、大きな結果が出ることを知っておいてください。

POINT

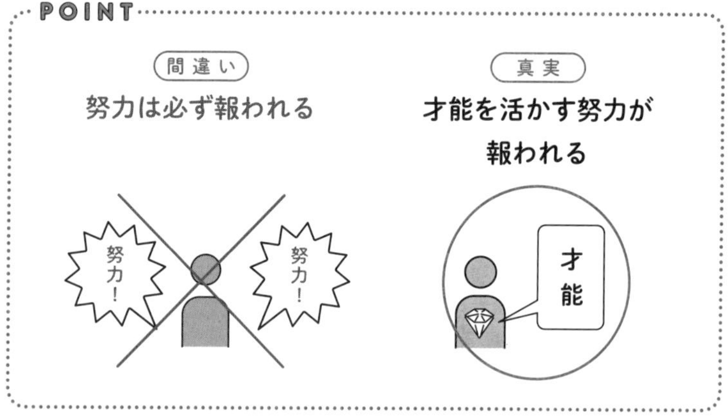

［才能が見つからない人の間違い⑤］

成功者から学べば、成功できる

有名な経営者や、起業家、影響力のある人が書いた本を読んで、その人の語っている成功法則を真似しようとしたことはないでしょうか？

僕自身、大学時代には多くの有名人の書いた自己啓発本を読み漁っていた時期がありました。

自己啓発本を読むととても高揚感があり「自分もこの人の真似をして成功しよう！」という気持ちになったものです。

しかし、他の本を読んでみると「以前読んだ本の著者と言っていることが違う」と感じることがあり、本を読めば読むほど混乱してしまっていました。

矛盾しているようにも思えるアドバイスは世の中に無数にあります。

矛盾しているアドバイス一覧

- **足るを知れ⇄強欲に生きろ**
- **もっと空気を読め⇄もっと鈍感になれ**
- **人脈が大事⇄孤独に努力をするのが大事**
- **人に迷惑をかけるな⇄たくさん失敗しろ**
- **行動が大事⇄行動する前に考えるのが大事**
- **いろんなことに挑戦しろ⇄１つのことを極めろ**
- **夢を見て追いかけろ⇄人生に夢を見るな、現実を見ろ**

- **置かれた場所で咲きなさい⇄自分が輝ける場所で咲きなさい**
- **3年は継続したほうがいい⇄自分に合わないことはすぐやめたほうがいい**

なぜ、人によってアドバイスが違うのでしょうか？

それは、成功者の口から発せられる内容は「その人にとっての成功パターン」でしかないからです。言い換えれば「その人だからうまくいったやり方」を説明しているということです。

たとえば僕は「人脈が大事」と言われたのでがんばってみましたが、僕にとっては役に立つアドバイスではありませんでした。反対に3年間、本を読みまくり、ブログをたくさん書く「孤独な時間」を過ごしたことが今につながっています。

「人脈が大事」と「孤独に努力をするのが大事」。どちらが正しいのでしょうか？

結論、どちらも正しいです。

ただ、その正解が自分に当てはまるかはわかりません。

ここまで読んで、「それならこの本のメソッドも、八木さんの成功パターンに過ぎないのでは？」と思われた方もいらっしゃると思います。

確かに、僕が自分の成功法則として確立されている「少数の人と深い人間関係を築け！」などのアドバイスを語り始めてしまったら、そうなります。しかし、本書では僕の個人的な成功パターンを語ることはしません。一歩引いて「みなさん自身の成功パターンを見つける方法」をお伝えします。

人のアドバイスを聞くほど、無数の「誰かの正解」に惑わされてしまいます。

大切なのは「自分の才能」を活かす方法を見つけること。

そのために目を向けるべきは、「他人の成功話」ではなく、「自分の過去の実体験」なのです。

答えは常に自分の「外」ではなく「内」にあります。

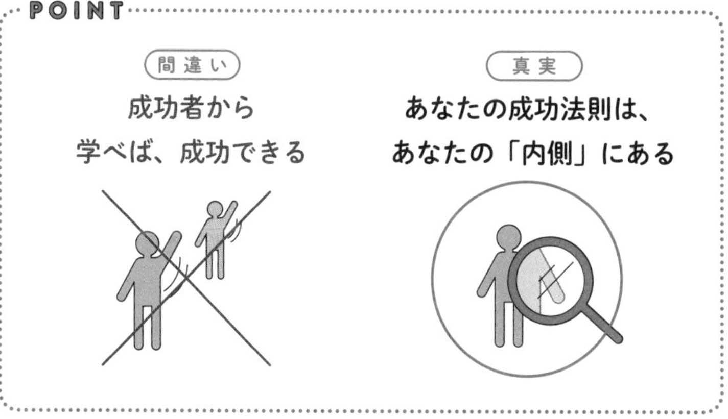

ここまで、ご理解いただけたでしょうか。この5つの間違いが解けたなら、あなたは「才能を見つける」ためのスタート地点に立つことができています。

才能が見つからない人の5つの間違い

×	○
人よりうまくできること=才能	つい、やってしまうこと=才能
「資格」や「スキル」が大事	一生つかえる才能が大事
「なりたい自分」になろうとする	「なりたい自分」を手放すと、才能が見つかる
努力は必ず報われる	才能を活かす努力が報われる
成功者から学べば、成功できる	あなたの成功法則は、あなたの「内側」にある

人は今、この瞬間から自信を持つことができる

「自分に自信がない」

「今の仕事が自分に合っていない気がする。けれど他に自信を持てることもない」

こんな悩みをよく聞きます。

僕もかつてそうだったように、才能が見つかっていない世の中の多くの人が同じような悩みを持っています。

そんな方に僕がお伝えしたいのは、**「才能の発見」を一日でも早く終わらせてほしいということ。**そして、今日この瞬間から一気に才能を見つけて「自信がある自分」として生き始めてほしいのです。

なぜなら、収入ひとつとっても、自分に自信がある人と自信がない人の格差は、日に日に広がっていくからです。

1979年に14歳から22歳の男女7660人の自己評価を調査し、その25年後、2004年に再度調査したとき、自分に自信を持っていた人たちは飛躍的に収入が増えていました。

時間が経てば経つほど、収入格差が広がることが判明しました。

厳しい結果ですが、これが現実です。

「才能を見つけること」を終わらせない限り、「本当の自信」は手に入らないと言っても過言ではありません。

才能を見つけずにつけた自信は、基礎工事をせずにビルを建てた

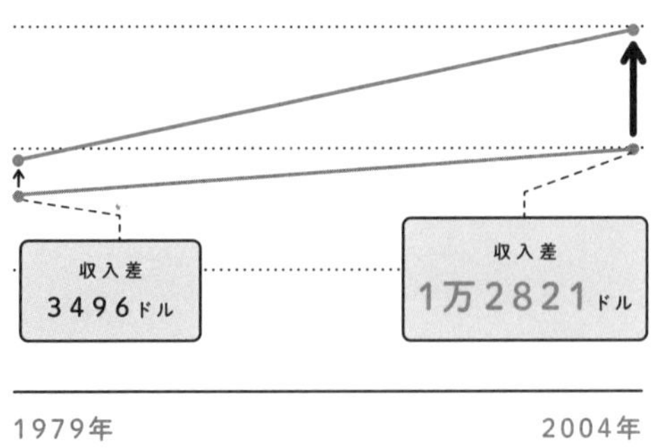

ようなハリボテの自信です。

いくら資格を取っても、セミナーに行っても、本を読んで知識を身につけても、自信という土台がなければ、それはとてももろいものです。

時代が変わって資格が役立たなくなってしまったり、知識が古くなってしまったり、仕事が変わってしまったりしたら、何もない更地に戻ってしまうからです。

「才能を見つけること」さえ終わらせてしまえば、ありのままの自分に自信を持って一生を生きることができます。

そして、一度才能を見つけてしまうと、以前の自信のない自分にはもはや戻れなくなります。

そして、才能を見つけて自信を持つことは簡単です。

すべて自分の中で行うことなので、誰にでもできます。

想像してみてください。才能を見つけて自信を持ったあなたは、どんな毎日を過ごしていますか？

- **一日の始まりには、今日やることに「間違いない」と自信を持っている**
- **そして、自分の強みを確信して仕事に取り組む**
- **周りの人に貢献して毎日のように感謝の言葉が受け取れる**
- **一日の終わりには、これからの未来にワクワクしながら眠りにつく**

こんな毎日を手に入れたいと思いませんか？

自分の才能を知らずに、他人に憧れる人生を一生続ける世の中の多くの人たち。あなたは今日までそちら側にいたかもしれません。

けれど、この本で学べば、才能を見つけたあなたに生まれ変わります。

さあ、宝物を探しに冒険するような気持ちで進んでいきましょう。

自分の見え方が変わり、世界の見え方も変わっていく体験を、始めましょう。

POINT

**才能を見つければ、今この瞬間から
人生を変えられる**

CHAPTER

2

学ぶと世界の見え方が一変する「才能の公式」

公式を知らないまま、才能について考えてはいけない

CHAPTER2では「才能の公式」をお伝えします。

この公式を知らずに才能について考えるのは、初めての料理をレシピを見ずに自己流で作るようなものです。なんどもトライすれば美味しい料理ができるかもしれませんが、果てしない時間がかかってしまいます。

人生の時間は有限です。

この章を読む数十分で、僕が10年かけて整理したシンプルな「才能の公式」を学んでください。

まずは、「才能とはどんなものなのか？」を説明していきます。

「なんでできないの？」と思ったら才能を見つけるチャンス

今でこそ、こうして才能に関する本を書いている僕ですが、才能についての理解が浅かったころは恥ずかしい失敗をしてきました。

特に、

「自分が当たり前にできることを、他人が当たり前にできるとは限らない」

この本質を忘れ、過ちを犯してきました。

会社を立ち上げた当初の話です。

事業拡大のために、会社のメンバーにお客さまサポートのマニュアル作成を依頼することにしました。

僕はマニュアル作りがとても得意です。僕と同じようにやってほしいと、メンバーのTさんにマニュアル作りを任せました。

しかし、そのプロジェクトが始まっても、なかなかTさんの作業が進みません。作り途中のマニュアルを見せてもらっても、お世辞にもクオリティが高いとは言えない出来でした。

僕は、自分がマニュアルを作るときに意識していることを毎週のミーティングでアドバイスしました。しかし、Tさんは毎週会うたびに元気がなくなっていきます。スケジュールもどんどん遅れていきます。もちろん、クオリティも全く上がりません。

「これは何かおかしいぞ」と感じた僕は、「なぜマニュアル作りがうまくできないのか」をそのTさんと話し合いました。

Tさんは、頭の中に浮かんでいることをこんなふうに言葉にしてくれました。

「この部分は、お客さまの反応によって対応を変えないといけないので、マニュアルにはどう書けばいいんだろう。うーん、他のことも、目の前のお客さまによるから一概にこうするとは言えない。1つ1つ、『これはあの人には当てはまらないな』と考えてしまう。あの社員さんがつかうと困るだろうな、とか……」

それもそのはず、Tさんは「お客さまや状況に合わせて臨機応変に対応する才能」を持っている、お客さま対応のスペシャリストだったからです。

Tさんが持っている「臨機応変に対応する」という才能は、マニュアル作りで求められる「一般的な対応を記す」才能とは完全に逆のことだったのです。これは、時間をとってTさんと一緒に振り返らないとわからないことでした。

そのとき、やっと気づきました。

「自分が当たり前にできるからと言って、Tさんが当たり前にできるわけではない」

と。

そして、Tさんの才能が活かせない仕事を任せてしまっていたと。

反省した僕は、Tさんに謝罪しました。現在はTさんに、メンバーの育成をお願いしています。そこでは、「個々に合わせて対応する」という才能を存分に活かして、やりがいを持って働いてくれています。

才能を「外」に探しに行ってはいけない

僕の失敗談を通して伝えたかったのは、「あなたの当たり前と、他人の当たり前は違う」ということです。

「それはそうでしょ」と思うかもしれません。

しかし、僕のエピソードからもわかるように、気を抜くと「自分が当たり前にやっていることは、他人も当たり前にできる」と勘違いしてしまうのです。

逆に言えば、**あなたが「これはみんなできるし、大したことない」と思っていることの中に、あなたの本当の才能があるかもしれない**のです。

僕も、この経験から「誰でも再現できるマニュアルを作成すること」は自分の才能なんだと気づくことができました。

同じように、あなたの才能も「すでに当たり前にやっていること」の中にあります。

才能を、外へ探しに行ってはいけません。すでにやっていることが才能なんです。宝物は、すでにあなたの中にあります。

POINT

才能は「当たり前にやっていること」の中にある

「動詞」に注目すれば才能が見つかる

「才能」の特徴としてもう1つ覚えておいてほしいこと。

それは、

「才能は動詞」

ということです。

たとえば、以下の才能はどれも動詞です。

- **慎重に進める**
- **情報を集める**
- **未来を考える**
- **人と人をつなぐ**
- **人の気持ちを考える**
- **初対面の人と親しくなる**

例を挙げてみましょう。

「旅行が好き」と言うAさん、Bさん、Cさんがいました。同じ「旅行が好き」でも、「旅行の何が楽しいのか？」は人それぞれ違います。

Aさんに「旅行でのどんな行動が楽しい？」と聞くと、「旅行先で楽しかったことを写真で友達に伝えることが楽しい」と言いました。

この場合、Aさんは**「何かの魅力を伝える」**才能を持っている可能性が高いです。

Bさんは、「計画を立てるのが楽しい」と言いました。Bさんは**「計画を立てる」**才能を持っているかもしれません。

Cさんは**「新しい体験をするのが楽しい」**と言いました。Cさんは「新しいことに飛び込む」才能を持っているかもしれません。

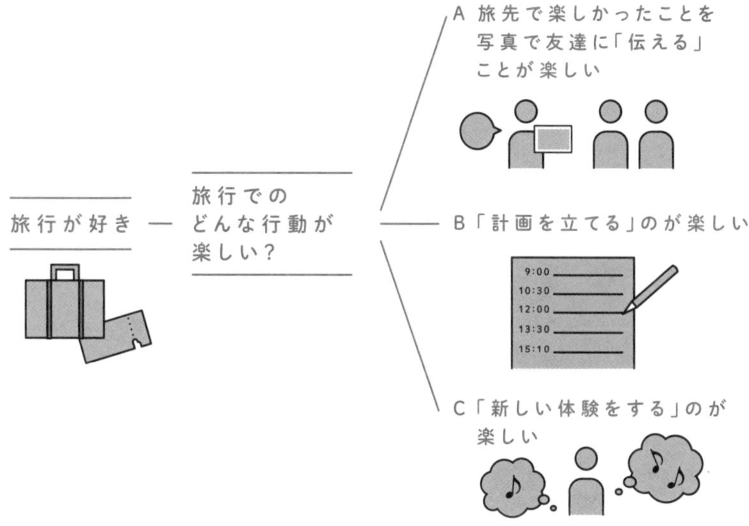

3人の例からも、「伝える・立てる・飛び込む」というように、才能が「動詞」で表されていることがわかります。

つまり、あなたが**「つい、やってしまっている行動」こそが才能**なんです。

ちなみに、僕の自己理解メソッドでは「才能」と「得意なこと」

を同じ意味の言葉として使います。

この「才能（得意なこと）」は「動詞」で表されますが、「好きなこと」は「名詞」で表されます（Aさん、Bさん、Cさんの好きなことは「旅行」でした）。

ここでは、「才能は動詞」とだけわかってもらえれば完璧です。

POINT

才能は動詞。
「つい、やってしまっている行動」こそが才能

「遺伝で才能は約50％決まる」という事実を前に、どう生きるべきか

そして、才能について頻繁に聞かれるのがこの質問です。

「才能は遺伝で決まっているんですか？」

確かに、これはとても気になりますよね。

行動遺伝学の研究によると、「才能の約50％が遺伝で決まる」とされています。また残りの半分は、育

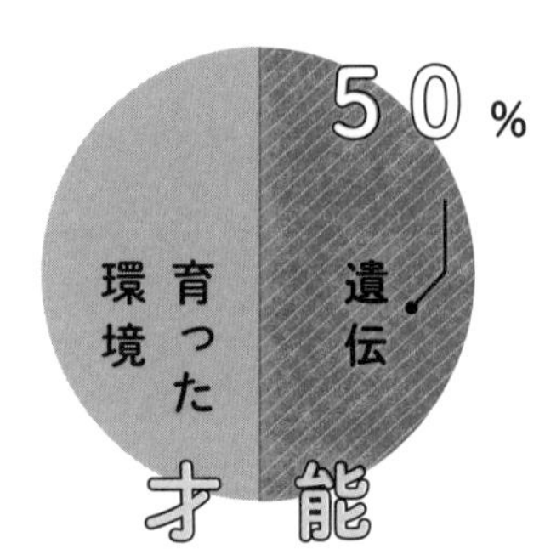

った環境で決まると言われています。

そして、思春期を過ぎるまでは才能は変わることがあるものの、年齢が上がるほどに変わりづらくなると言われています。

つまり、大人になってから何とか自分の才能を変えようとしても、変えづらいということです。

「ないものねだり」をする人はいつまでも不幸

ここまで読んで、もしかすると「自分の才能は変えられないのか」というネガティブな気持ちになったかもしれません。

僕は、**才能を変えるのが難しいという事実を「ものすごく素晴らしいこと」**だと感じます。ですが、「素晴らしいなんてとんでもない、自分が嫌いだから何とか変えたくて仕方ない」と思う方がいるのも理解できます。僕にも、自分を変えようと必死に努力をしてきた経験がありますから。

それなのになぜ、才能は変えられないことを素晴らしいと思うのか。それは、自分のままで生きるしかないと「諦めること」ができるからです。

そして、**「この自分で生きるしかない」と決まっている状況のほうが、確実に幸せになれる**からです。

こんな研究があります。

数百人に、いくつかの柄の中から好きなポスターを選んで持ち帰ってもらうという内容です。

参加者は2つのグループに分けられました。

グループ1「1ヶ月以内に他のポスターと交換可能」と伝えられたグループ
グループ2「これが最終決定であり、一度選んだポスターはけっして交換できない」と伝えられたグループ

両グループの満足度を調べたところ、グループ2のほうがはるかにポスターを気に入っていることがわかりました。もっといいポスターが選べるかもしれないという可能性を残されたグループ1よりも、後戻りできない選択をしたグループ2のほうが満足できていたということです。

多くの人はグループ1のように自分の持っていないものに目を向けて、ずっと追い求める人生を生きてしまいます。

選択を変えられない人のほうが、満足度がアップする

《 ポスターを選んでもらう実験 》

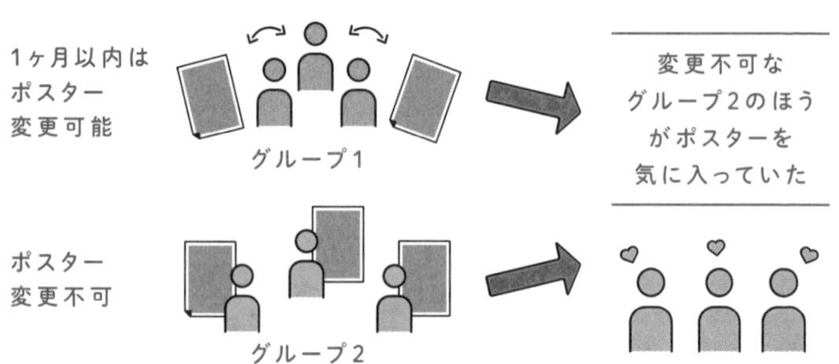

この研究からもわかるように、それではいつまで経っても自分の人生に満足することはできません。ないものねだりを続けていると、不幸になってしまうのです。

「良い性格・悪い性格」は存在しない

才能はある程度決まっていて、今から変えることはできません。

ですが、変えられるものもあります。それは「才能の捉え方」です。才能の捉え方はすべてあなたに委ねられています。自分の持っている才能のポジティブな点に目を向けて、とことんつかい倒してやろうと覚悟を決めたときに、人生を丸ごと受け入れて、本当の自分で生き始めることができます。

「そうは言っても、自分の才能がどうしても役に立つと思えない」

と思う人もいるでしょう。僕もずっとそうでした。

ですが、実際は「才能に優劣は存在しない」のです。

例を挙げて説明しましょう。

人間の性格は大きく分けて2つ「外向型」と「内向型」があります。「あれ、才能の話をしていたのに性格という言葉が出てきた」と思う方もいるかもしれません。この本での才能の定義である「つい、やってしまうこと」は、性格にもそのまま当てはまります。そのため「性格」も「才能」と同じ意味の言葉としてつかわせていただきます。

2つの性格を簡単に説明すると、このような違いがあります。

- **外向型……活発で社交的**
- **内向型……繊細で控えめ**

あなたは、自分を外向型だと思いますか？　内向型だと思いますか？

僕は自分を内向型だと考えています。実は、長い間心理学者の間では「外向型」のほうが幸せな性格だと考えられていました。

そのため、「内向型の性格をどうすれば外向型に変えられるか？」が研究されてきました。つまり、「内向型＝悪」と考えられていたのです。これでは、内向型の人が「自分を変えたい」と思ってしまうのも無理はありません。

しかし、最近の研究ではそれがくつがえされ始めています。内向型は幸福度が低いと言われていましたが、実際はそうではなかったのです。

新しくわかってきているのは、このような事実です。

- **「外向型にならなければいけない」と思っている内向型の人は不幸**
- **「内向型の自分に満足している」内向型の人は幸福**

つまり、自分のことを受け入れると幸福で、受け入れていなけれ

ば不幸だということ。性格自体に優劣があるわけではなく、その性格をどう捉えるかがすべてなんです。

この結果にはみなさんも納得感があるのではないでしょうか？

内向型であっても、一人の時間を楽しんでいる人は、とても幸せそうに見えます。

僕自身も、内向型であることを受け入れた瞬間から、外向型に憧れることがなくなりました。これまでは「内向型のせいで」と思っていましたが、今では「内向型のおかげで」と思えるようになりました。

その結果、自分が楽しいと感じる「読書」や「文章を書くこと」に時間をつかうようになり、とても幸せに生きることができます。そして、成果もついてきています。

POINT

「内向型のせいで」から「内向型のおかげで」へ

「自分を変えるには?」ではなく「自分を活かすには?」と考える

本章で「才能の約50%が遺伝で決まる」とわざわざ伝えたのも、「今の、この自分で生きよう」と思ってもらうためです。
その覚悟を決めない限り、自分の才能が見つかった後も「もっと良い才能が欲しかった」「あの人みたいな才能が欲しい」とないものねだりを続けてしまい、10年経っても20年経っても、自信を持つことができず幸せになれないからです。

いくら本書でノウハウを学んで才能を見つけたとしても、根っこの部分で「自分を変えたほうがいい」というマインドが残っていたとしたら、「この才能を活かしきる」という覚悟が決まらず、また他の誰かのようになろうとし始めてしまいます。

自分の才能を活かし切る覚悟をすれば、人生が変わり始める

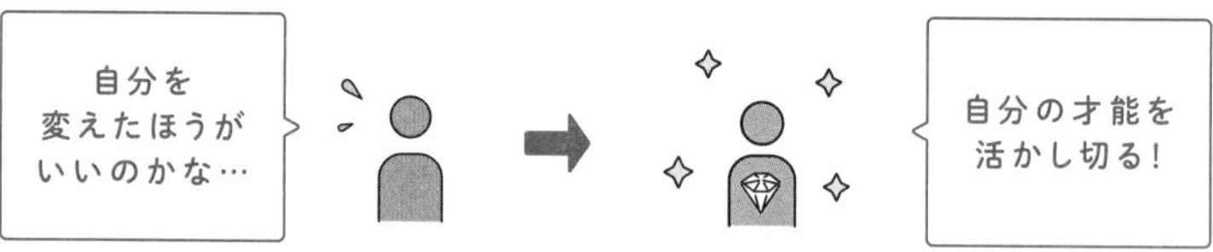

定年が間近のタイミングで、「定年後は自分の才能を活かして生きたいので、自己理解プログラムを受けようと思いました」と来てくださる方がいます。

そのたびに、嬉しい半面、非常にもどかしい気持ちになります。

この人の素晴らしい才能が、これまでの人生の数十年の間に見つけられていたとしたら、どれだけ一日一日が豊かになっていただろうと思うと、とてもせつない気分になるのです。

もちろんいつから始めても遅くはありません。けれど、本書を読んでくださっている方に提案したいのです。

「一生自分と付き合っていくのだから、才能を見つけるのは人生で一番若い今、終わらせてしまいませんか？」

そして、与えられた才能を受け入れ、活かし切る人生をここからスタートしませんか？

POINT

才能を見つけるタイミングは、今

まとめ：「才能」ってどんなもの？

1 才能とは「つい、やってしまうこと」。あなたが「当たり前にやっていること」の中に隠れている

2 才能は「動詞」で表される

3 才能は「遺伝」で約50％が決まっている。しかし「捉え方」は変えられる

才能を誰も真似できない強みに変える「2つの公式」がある

「才能が『つい、やってしまうこと』というのはわかった。けれどそれをどうつかうのかイメージが湧かない」

その感覚はよくわかります。

それもそのはず。才能はそのままつかうものではなく、少しだけ調理する必要があるからです。

ジャガイモは生で食べられませんが、レシピに従って調理すれば美味しい肉じゃがになります。

才能も同じように、「役立つ強み」に変えるために2つの公式で調理する必要があります。

才能を2つの公式で調理すれば、役立つ強みになる

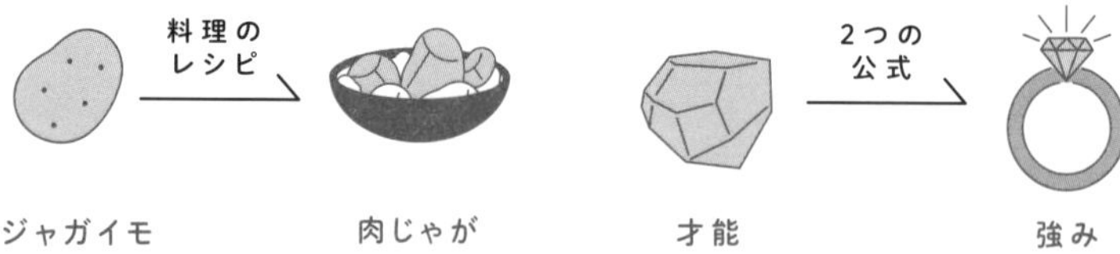

では、いよいよあなたの才能を唯一無二の強みに変えるための黄金レシピ、2つの公式を紹介します。

［才能の公式①］
「短所←才能→長所」

才能は「包丁」のようなもの。すべてはつかい方次第

まずは1つ目の公式は、「短所←才能→長所」というものです。

これは、「才能は短所にも長所にもなる」というシンプルなことです。

- **「つい、人の気持ちを考えてしまう」**
  - 短所 ➡ 自分の気持ちを後回しにする
  - 長所 ➡ 人の気持ちに配慮して行動する

- **「つい、先のことを考えてしまう」**
  - 短所 ➡ リスクが見えて身動きが取れない
  - 長所 ➡ 効率的に物事を進める

CHAPTER 2

・**「つい、新しいことを学んでしまう」**

短所 ➡ 学んで満足し行動しない

長所 ➡ 向上心がある

このように、才能自体は、いいものでも悪いものでもありません。つかい方によって、良くもなるし、悪くもなります。

イメージは、包丁です。

同じ包丁でも、料理で人を幸せにすることもできれば、殺人事件を起こして人を不幸にすることもありますよね。

しかし多くの人は、自分の才能の短所しか見ておらず、他人の才能の長所しか見ていません。

隣の芝生はいつも青く見えます。しかし、そんなときこそ思い出してください。**隣の芝生はたしかに青いですが、他人から見ればあなたの芝生も青いのです。**あなたにも必ず才能があり、長所があります。

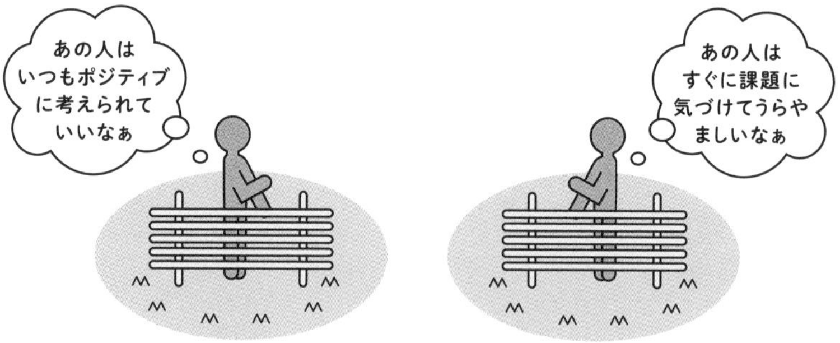

勝負どころは「イキイキする環境」を見つけられるかどうか

今まで、あなたも一度は「うまく長所が発揮できた！」と思ったことがあるでしょう。

もちろん、それ以上に「今日はダメだった」と短所が発揮されて落ち込んだ経験もあるでしょう。

いつもうまくいくとは限らないものです。

だからこそ、こう思いませんか？

「常に自分の才能が長所として発揮され続ければいいのに」と。

才能が長所になるか短所になるかを分ける、最も大きなポイントは「環境」です。例えば、「つい抜け漏れがないかを確認してしまう」という才能は、スピードを求められる環境では「仕事が遅い」という短所として発揮されてしまいます。

しかし、正確さを求められる環境では「ミスをしない」という長所として発揮することができます。

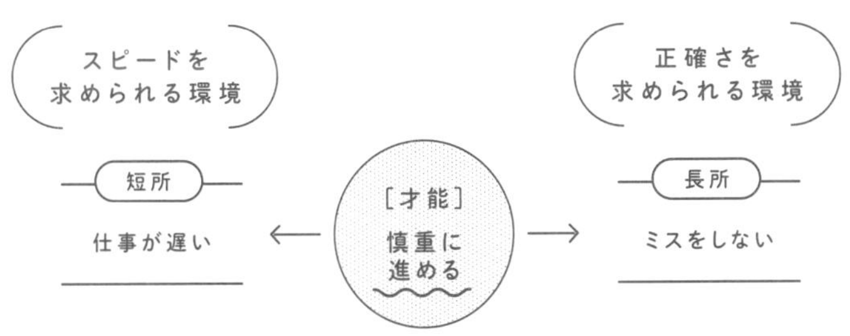

才能を活かすために必要なのは、必死に努力をすることではあり

ません。

自分の才能を深く理解し、才能が長所として活きる環境に身をおくことです。

つまり、「自分がイキイキするのはこういう場所だ」と、才能をプラスに発揮できる環境を見極めるのが勝負どころなのです。

「環境」の中には、大きく分けて「人」と「活動内容」があります。

例えばあなたも、「この人といるときの自分は好き」と思える人がいませんか？

それは、その人といると自分の才能が長所として発揮されると感じるからです。

もしくは、「この仕事をやっていると楽しい」ということはありませんか？

それは、その活動で求められることが、自分の「才能」とマッチしているからです。

「ここでダメなら、どこへ行っても同じだぞ」にだまされないで

「今の場所でうまくいかないからと、環境を変えるのは逃げなのではないか？」

そう思う人が多いようです。

- **会社の上司から「ここでダメなら、どこへ行っても同じだぞ」と言われた**
- **周りの人から「今逃げたら逃げグセがつくよ」と言われた**

あなたにも、こんな経験がありませんか？　実際に、お客さまからよく聞く話です。確かに、同じ環境でうまくやっている人がいるのを見ると「うまくいっていないのは自分の努力不足」と感じてしまうのも無理はありません。しかし、断言します。

「ここでダメなら、どこへ行っても同じ」なんて大嘘です。自分がしんどい環境にいるんだとしたら、今すぐ逃げていいのです。

むしろ、「逃げていい」どころか「絶対に逃げなければいけない」のです。

せっかくもらった「才能」を精一杯活かすのがあなたの責任。それは他の誰かには絶対にできません。

自分がイキイキできる場所は、誰にでも必ずあります。

ただ、逃げていいと言われても、こんな疑問が出てきますよね。

- **「逃げグセがついてしまうのではないか？」**
- **「逃げるかどうか判断する基準は？」**
- **「逃げたあとどうやって自分を活かせる環境を探せばいい？」**

これらの疑問については、CHAPTER4にてわかりやすく説明するので安心してください。

POINT

嫌な仕事からは逃げなければいけない。
あなたにはあなたの才能を活かし切る責任がある

あなたが輝ける環境はこの世界に必ずある。今いる環境に不適合なだけ

「短所が目立つ環境」から「長所を活かせる環境」に移ると、「役立たず扱いされていた人」が「周囲から尊敬されるヒーロー」に一変します。

Kさんは人の相談に親身に乗りたいと思い、大学卒業後、転職エージェントに就職しました。しかし、キャリアアドバイザーとして働き始めてから、理想と現実のギャップに苦しみ始めました。

会社からの評価基準は、「どれだけたくさんの人を転職させたか」です。重要なのは「最小限の労力で目の前のお客さまを転職させること」です。

ですが、Kさんの才能は「一人一人と親身に向き合う」こと。それなのに100人のお客さまへの対応を求められました。

親身に向き合えば向き合うほど時間がなくなって、たくさんの人を転職させることができなくなります。先輩からは、「一人に割く時間を短くしましょう」とアドバイスされます。

自分でも、「タスク処理を早くする方法」などの本を読みました。しかし、短時間で人をさばいていくのはKさんの才能とは真逆のやり方で、働いているうちにどうしても苦しくなってしまいました。

もちろん、その会社で目覚ましい成果を出している人もいます。そういう人と自分を比較して「自分は社会不適合者なのかもしれない」と自己否定を繰り返す毎日……。

Kさんが働いていたのは、自分の才能が短所として出てしまう環境でした。藁（わら）にもすがる思いで苦しい日々から脱出できる方法を探していたところ、僕のブログを見つけて自己理解についてのサポートを受け始めました。

その結果、Kさんは「とことん目の前の人に時間をつかえる環境で輝ける」ということがわかり、独立したキャリアアドバイザーとして活動を始めました。Kさんは水を得た魚のように、労働時間は半分に、収入は2倍以上になったのです。

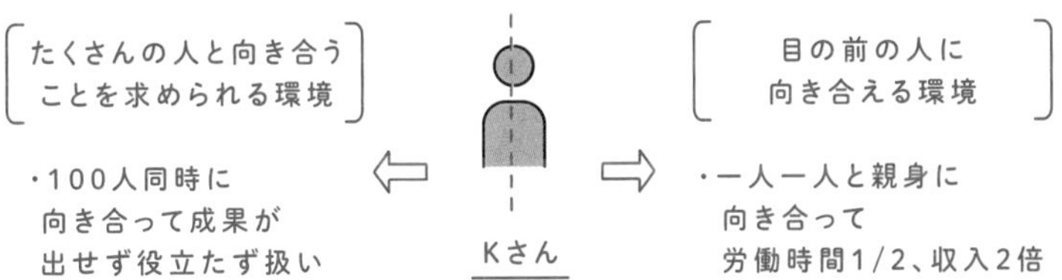

もし「自分は社会不適合者だ」と思っている人がいたら聞いてください。**あなたは社会不適合者ではありません。今いる環境に不適合なだけ**です。

あなたがピタッとハマって輝ける環境は必ずあります。本書でその環境を必ず見つけ出しましょう。そのお手伝いをさせてください。

POINT

あなたは社会不適合者ではない。今いる環境に不適合なだけ

［才能の公式②］
「才能×スキル・知識＝強み」

ここまでで、公式①「短所←才能→長所」は正しく理解していただけたでしょうか？

続いて、２つ目の公式を解説していきます。

それは、「才能×スキル・知識＝強み」です。

実は、本書でみなさんに手に入れていただきたいのは、「長所」よりさらに１段階上にある「強み」です。

強みとは、「成果を生む能力」のこと。

この２つ目の公式を理解すれば、あなたがこれから何に時間をかけるべきかがはっきりわかるようになります。

ピカチュウなのに、はっぱカッターを練習するな

「ピカチュウなのに、はっぱカッターを練習しないでください」

セミナーで、僕がこんなことを言うと、お客さまは一瞬びっくり

したような顔になります。これは僕が、公式②「才能×スキル・知識＝強み」を説明するときによくつかうたとえ話です。

例えば仮に、ピカチュウが「はっぱカッター」という、葉っぱで相手を傷つける技を身につけようとするところをイメージしてみてください。「なんか大変そうだな……」と思いませんでしたか？

そうなんです、自分のタイプに合っていない技を身につけるのは大変です。

ピカチュウはでんきタイプのポケモンなので、くさタイプの技を一生懸命練習しても体から葉っぱが出るようにはなりません。

どうにかうまく葉っぱを投げられるようになっても、大したダメージを与えられないのでポケモンバトルで勝つことはできないでしょう。いくら練習しても、葉っぱを体内から出すことのできるフシギダネのように、はっぱカッターをうまく扱うことはできなそうです。つまり、そもそも**「才能」がないものに「スキル・知識」を掛け算したとしても、小さな成果しか出ない**わけです。

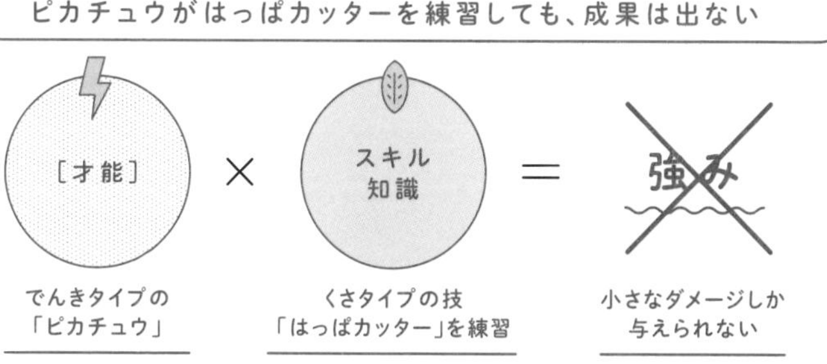

一方、もともと体内ででんきを作れるピカチュウが「10まんボルト」という技を身につけたらどうでしょうか？　自分にぴったりなスキル・知識を身につければ大きな威力が出て、ポケモンバトルに勝ちやすくなるはずです。

実はポケモンの世界では自分の持っているタイプと同じ技をつかえば、技の威力が1.5倍になるという仕組みがあります（でんきタイプのピカチュウの場合、でんき技をつかえば1.5倍）。そして、この仕組みはポケモンの世界だけでなく、人間の世界でも同じです。

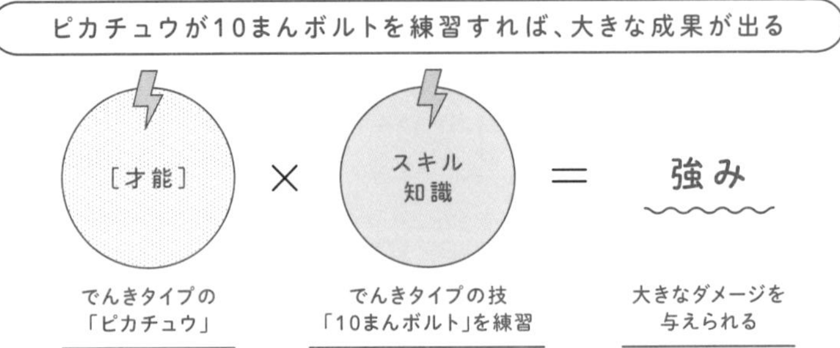

「強みの掛け算」で「特別な存在」になる

僕の場合は、持っている「体系立てて伝える」という「才能」を活かせそうだと思い、「ブログ運営の知識」や「文章を書くスキル」を身につけました。すると、ブログを通じて情報を伝えられるようになり、これまでのブログのPVは累計2600万に達しています。

つまり、「体系立てた文章で、ブログを書く」という「強み」を手に入れたのです。

この経験で**「自分の才能に合うスキルと知識を身につけること」**の重要性を痛感しました。

この話には続きがあります。

僕はさらに「自己理解の知識」を掛け算しました。

その結果、「自己理解について体系立った文章で説明する」という強みを育て、「自己理解の本が30万部のベストセラーになる」という成果を出すことができています。

このように、「才能」に「スキルと知識」を掛け算することで、いくつもの特別な「強み」が出来上がっていくのです。

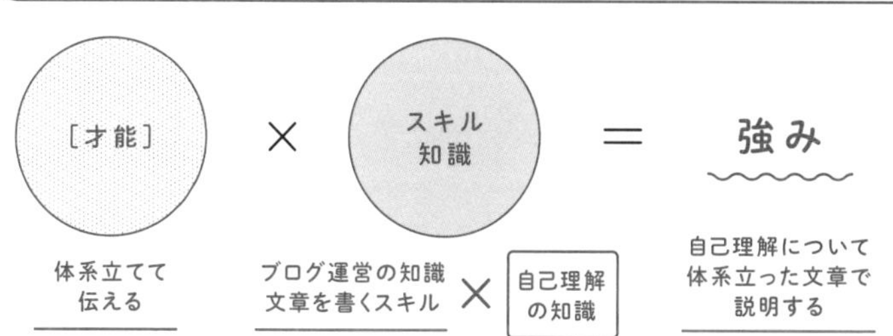

CHAPTER 2

才能を見つける前に「資格取得」に走ってはいけない

「将来のために、もっと何か専門性を身につけたほうがいいんじゃないか？　けれど何を勉強すればいいんだろう？」

そんなふうに悩む人は少なくありません。

しかし、焦って闇雲に勉強しても、時間とお金を浪費するだけで、つかうことのない知識をたくさん持つことになってしまいます。

「プログラミングを勉強したけれど、挫折しました」

そう話すのは、20代のYさん。彼は大学の授業で必修だったことをきっかけにプログラミングの勉強を始めました。できるようになれば「食いっぱぐれない」と聞いていたので、必死に勉強したといいます。ですが、徹夜で勉強しても全くできるようにならず、大学の課題は、得意な友達に代わりにやってもらうことでなんとか単位を修得しました。

実は、Yさんの課題をやってくれた友達は、同じタイミングでプログラミングを学び始めていたのです。つまり、大学の課題とプログラミングの勉強を両立させていた上に、Yさんの課題までこなし

「強みの掛け算」の失敗例

ていたということ。それを知ったYさんは、「なんでこんなに自分はダメなんだろう？　頭が悪いんだろうか？」と自分を責めたといいます。

「才能→スキル」の順番を必ず守る

Yさんのように、「稼げそうだから」「食いっぱぐれることはなさそうだから」という理由で学び始めたことは、なかなか実を結びません。なぜなら、そのスキルが自分の才能に合っているか否かを検証せずにスタートしていることが多いからです。

才能を見つけて、その才能に合ったスキルを学べば、成果につながる可能性はグッと高まります。

Yさんは、自分と向き合った結果、「言葉で人の気持ちを動かす」という才能を見つけ出しました。才能を見つけた後に、学ぶスキルを選んだYさんはどうなったでしょう。

実は、Yさんは今では、本業のかたわらアーティストとして活躍しています。有料のライブでは、会場に100人が集まり、動画配信も300人が見るほどの人気。

「言葉で人の気持ちを動かす」才能に、「ボイトレで声のトレーニング」「歌詞を書く練習」をしたことで、多くの人の心に刺さる歌を作り、届けることができるようになったのです。ライブに来た人からは「とても勇気をもらえました」「ポジティブになれる歌詞がとても好きです」と言われています。Yさんは「多くの人の心に刺さる歌を届ける」強みを手に入れました。

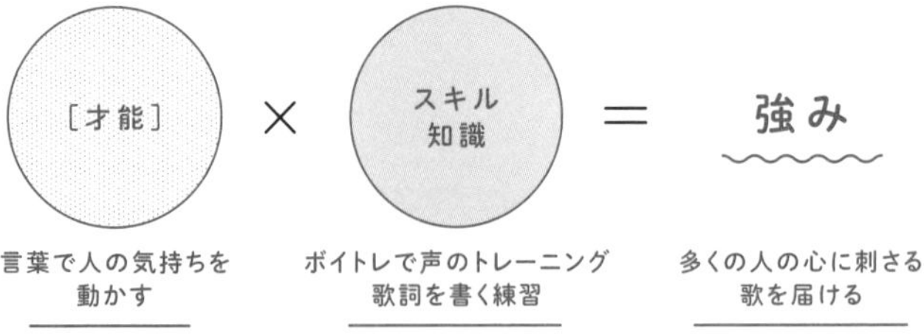

「プログラミングを勉強していたときと比べて、楽しさが全然違うんです。スキルを学んでいても、勉強しているという感覚が一切ありません」とYさんは言います。それは、**「才能」と「スキル・知識」にズレがないから**に他なりません。

まず自分の「才能」を知って、マッチした「スキル」を身につける。これが最短ルートです。それができたときに、あなたは本当の意味で「替えが利かない」存在になることができます。

「才能」をあなただけの「強み」に変える3つのステップ

ここまで説明した「才能に関する2つの公式」を整理すると、「才能」をあなただけの「強み」に育てるには3つのステップがあることが説明できます。

ステップ 1 才能を見つける（CHAPTER3）

まずは、あなたの「つい、やってしまうこと」である才能を見つけることから始めます。ここでは、「3つの才能」に自信を持っていただきます。

CHAPTER3で才能を自覚すると、腹の底からエネルギーが湧いてきて、全身にみなぎります。才能を活かしたくてたまらない状態になっていただけます。

ステップ 2 才能を活かす（CHAPTER4）

次に、公式①「短所←才能→長所」をつかって見つけたあなたの才能を、「長所」として活かします。

あなたの才能のつかい方をマスターし、「才能が長所として活きる環境」で輝けるようになりましょう。

ステップ 3 才能を育てる（CHAPTER5）

「才能」を「長所」として活かせるようになったら、最後に公式②「才能×スキル・知識＝強み」をつかいます。

「才能」を適切に育てて「強み」にしたとき、才能は「完成系」になります。

「才能に合ったスキル・知識はどうやったらわかるんだろう？」と疑問を感じた方もいるでしょう。その点はCHAPTER5でくわしくお伝えするので楽しみにしていてください。

この「見つける→活かす→育てる」の3つのステップを踏むことで、あなたの才能を最大限に輝かせることができるようになるのです。

そして、生き方の迷いから解放されて、本当にスッキリします。窮屈に思えていた世界が、一気に自由なものに変わります。そこからあなたは、伸び伸びと自然体で生きられるようになります。

あなたの才能は、見つけてもらうのを待っています。

自分の見え方が変わり、本当の自分を受け入れて生きる感覚を、体感してください。

次章では、いよいよ才能を見つけます。

それでは、本当の自分で生きる第一歩を踏み出しましょう。

POINT

才能は、あなたに見つけられるのを待っている

才能の公式まとめ

才能とは？ ＝「つい、やってしまうこと」

特徴1 あなたが「当たり前にやっていること」の中に隠れている

特徴2 「動詞」で表される

特徴3 「遺伝」で約50%が決まっている。しかし「捉え方」は変えられる

公式 ① 「短所←才能→長所」

才能は包丁のようなもの。同じ包丁でも、人を傷つけることもできれば、料理で人を幸せにすることもできる

公式 ② 「才能×スキル・知識＝強み」

ピカチュウなのにはっぱカッターを練習するな。
10まんボルトを練習しろ！

でんきタイプの「ピカチュウ」

でんきタイプの技「10まんボルト」を練習

大きなダメージを与えられる

「これは才能?」迷ったときの7つのチェックリスト

「才能を見つけた」際に、「これは自分の才能だろうか?」とわからないことがあるかもしれません。

それは、才能をつかう際の特徴を知っておけば判断できます。特徴は全部で7つ。いくつ当てはまるかで、才能かどうか判断してください。

0〜3個:才能でない
4〜5個:才能の可能性がある
6〜7個:才能である

次ページの表で、

・前:才能をつかう前の特徴
・中:才能をつかっている最中の特徴
・後:才能をつかった後の特徴

の3つに分けています。
迷ったときに、チェックしてみてください。

		才能があること	才能がないこと
前	1	活動に 引き寄せられる	活動から 遠ざかりたくなる
中	2	ノンストレスでできる	ストレスがかかる
	3	やっていると 自分らしい 感覚がある	やっていると 自分らしくない 感覚がある
	4	うまくできる	うまくできない
	5	早くできる	早くできない
後	6	やっていると時間が 早く過ぎる	やっていると時間が 長く感じる
	7	やり終わった後に 満足感がある	やり終わった後に 疲労感がある

CHAPTER

自分の中に眠る宝物を掘り起こす「才能を見つける技術」

「自分には才能がない」。その考えは間違っている

さて、この章からさらに楽しくなってきます。

CHAPTER3のゴールは、**「才能マップ」**を完成させること。

才能マップとは、あなただけの才能をパッと眺めることのできる一枚絵のことです。そして、この才能マップを作ることは一切難しくありません。あなたが決して迷うことのないように、1ステップずつ解説していくので安心して進めてください。

今はまだ「自分に才能なんて本当にあるのかな？」と思っていても全く問題ありません。才能を見つける前はみんなそうです。

自分にとっては当たり前すぎることが才能だとわかって、「わっ、これが才能なんだ！」と驚きます。

自分の才能を見つけたときの、興奮して心臓の鼓動が速くなる感覚をあなたにもぜひ感じていただきたいと思います。

「これが私の才能だ！」と揺るがない自信を持つには？

「誰にでも才能は見つけられる」とお伝えしました。

しかし、実は「才能を見つける」よりも大事なのは「才能に自信を持つ」ことです。僕が開発した自己理解プログラムを、これまで1000人以上の方に受講していただきました。そこでわかっているのは、多くの人が、「これが自分の才能かも」と薄々気づいている

けれど自信が持てていない状態だということです。

あなたにも、「これが才能かも」と思えることが1つはあるのではないでしょうか？　それがあったとしても、自信があるかないかで、人生の結果は大きく違ってきます。

例えば、「整理して伝えることが得意かもしれない」と“半信半疑”な人より、「整理して伝えることが得意だ」と“自信”を持っている人のほうが、その才能を活かし、育てていくことができそうですよね。

また、それだけ自信を持っていると周りの人にも伝えられるので、仕事をお願いされることも多くなります。

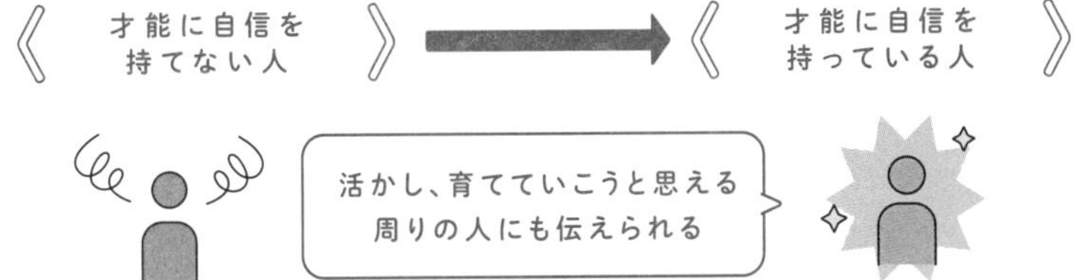

しかし「才能」は、目に見えないものだからこそ、「自分にはこの才能がある」と自信を持って言い切れる人はとても少ないのです。

では、「才能に自信を持つため」にはどうすればいいのでしょうか？　実は、「才能があらわれた経験を４つ以上見つけること」で自信が持てるようになります。どういうことかイメージ化して説明しますね。

ここでみなさんに質問です。

「一輪車」と「自動車」のどちらが風に吹かれたときに倒れやすいと思いますか？

もちろん一輪車のほうが倒れやすいですよね。タイヤが4つある車は、相当のことがない限り風でひっくり返ったりはしません。

才能に自信を持つことも、これと同じです。まず、才能に自信を持てていない人は、一輪車のように、1つの経験で、才能を支えているような状態です。例えば、

「飲み会で話題に入れていない人がいるとつい話を振っているから、全員が心地よく過ごせるようにすることが才能なのかも……。でも、たまたまかもしれないし」

こんな状態です。

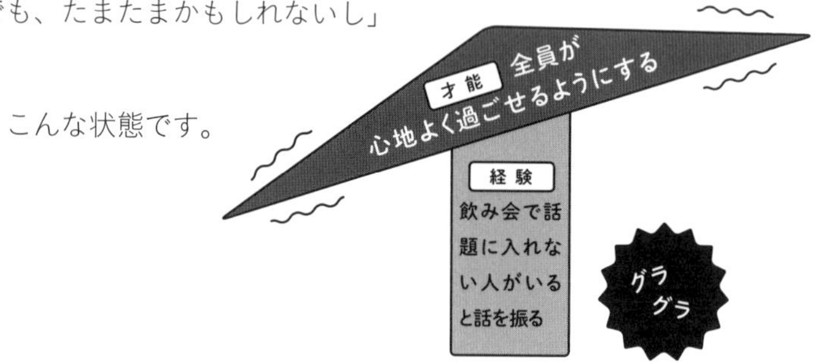

この図を見て、どんな感じがしますか？　なんだかグラグラしていて倒れそうな気がしますよね。

実際に、こんな状態だと行動をしていても、周りの人から「これをやったほうがいいよ」と言われると気持ちが揺らいでしまい、行動が止まってしまいます。

才能に自信が持てない人は、動くことなく「あれをやったほうがいいのかな？　こっちのほうがいいのかな？」と右往左往して時間を無駄にしてしまいます。当然成果も出ません。

では、才能に自信を持てている人は、どんな状態でしょうか？

すでにわかった方は鋭いです。

才能に自信を持っている人は、1つの才能を自動車のように複数の経験で支えているのです。

例えば、「全員が心地よく過ごせるようにする」という才能であれば、

- **飲み会で話題に入れていない人がいると話を振っている**
- **子供のとき、不安そうな転校生に話しかけていた**
- **シェアハウスに住んでいたとき、運営のリーダーとして全員が快適なルールを作った**
- **一緒にいると居心地がいいと人に言われた**

こんな経験で支えている状態です。

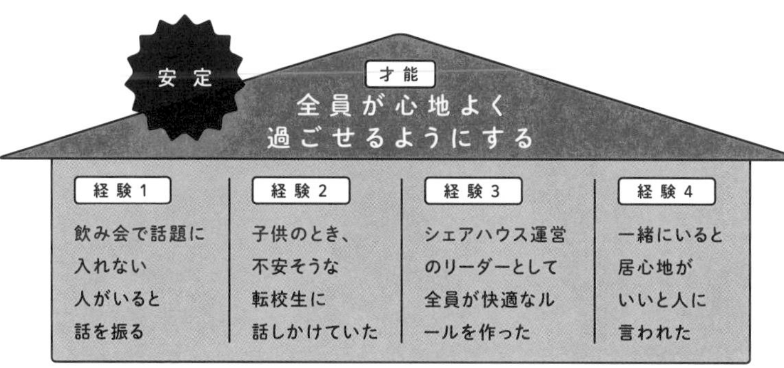

これは、ちょっとやそっとじゃ崩れないと思いませんか？

この状態になれば、周りの人がどう言おうと「これが自分の才能だ」と自信を持って、人生を生きることができるようになります。

「これが私の才能だ！」と揺るがない自信を持つ方法、それは、「才能があらわれた経験を４つ以上見つけること」です。

とはいえ、「いやいや八木さん、私はそんなに才能を活かせた体験なんてないですよ」と思うかもしれません。

ですが大丈夫です。才能とは**息を吸って吐くようにやっているもの。あなたは、まだ気づいていないだけ**です。

この章では、３つの方法で才能を見つけてもらうので、必ずあなたの才能を活かせた経験が見つかるようになっています。

POINT

才能に自信を持てない人	才能に自信を持っている人
才能が発揮できた経験を1つしか見つけていない	**才能が発揮できた経験を4つ以上見つけている**

一度作れば一生つかえる「才能マップ」を手に入れる

ここから、才能を見つける具体的なワークに入っていきます。

才能を見つけて自信を持つまでの手順は簡単。

- **3つの技術で才能を見つける**
- **見つけた才能を整理して「才能マップ」を作る**

これだけです。

「才能マップって何？」と疑問を持たれたかもしれません。

才能マップとはA4用紙に、1つの才能に関連する経験が4つ記入できる、とてもシンプルなツールです。

この章を読み終わったときには才能マップを3つ作り、「3つの才能に自信を持てている状態」になっていただきます。完成すれば、たとえば就職活動の面接で「あなたの得意なことはなんですか？」と聞かれたときにも、具体的な経験とこの才能マップをもとに即答でき、納得させることができるようになります。完成した**才能マップは、才能を一生見失わないための地図になってくれる**のです。

見落とさないように、あらゆる角度から才能を見つける

さあ、才能を見つける準備はできました。

それでは、この3つの技術で才能を見つけていきましょう。

① 5つの質問に答える

② 1000リストから選ぶ

③ 3つの切り口で他人に聞く

どれも簡単で、誰にでもできるワークです。

この3つの技術を活用することで、あなたの才能をあらゆる角度から見つめて、才能に自信を持つための根拠を手に入れましょう。

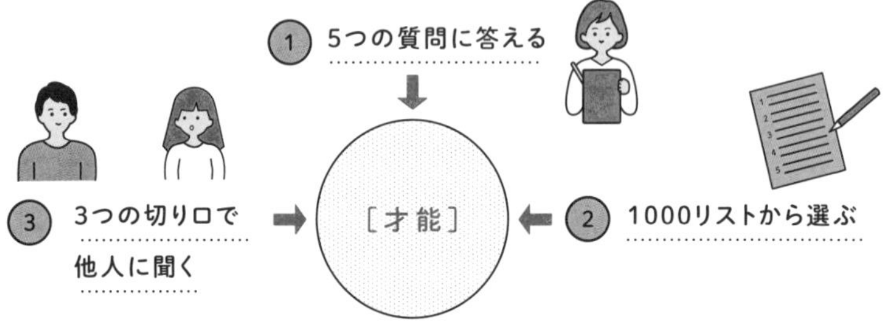

才能発見ワークに取り組む3つのポイント

あなただけの才能を見つけるために、3つ、覚えておいてほしいポイントを紹介します。

ポイント1 今ワークできなくても問題ナシ

今、時間がなくてワークに取り組めなくても全く問題ありません。

なぜなら、各ワークにいくつもの回答例を用意しているので、読み流すだけでも「この回答は自分に近いかもしれない！」と才能に気づけるようになっているからです。今、腰を据えて取り組めない方は、まずは読むことから始めてみてください。

ポイント２　1つのワークに対していくつも答えが出ても大丈夫

これからワークを紹介していきますが、1つのワークや質問に対する答えは1つである必要は全くありません。むしろどんどん出してもらって構いません。なぜなら、3つのワークが終わったあとに、出てきた答えを整理してまとめるからです。

ポイント３　取り組めないワークがあっても気にしない

反対に、ワークの中身にピンとこない場合は飛ばしてもらっても全く問題ありません。「えっ、全部のワークに取り組もうとしていたのに……！」と思われた方もいるかもしれません。

セミナーなどで、このワークをすることがありますが、多くの方が真剣に取り組んでくださるので、「全部のワークに取り組まないと」と思ってしまうようです。そして、答えが思いつかないものがあったときに、自分を責めてしまいます。

しかし、どのワークに取り組んでも見つかるのは同じ「才能」です。なので取り組めないものがあったとしても、才能は見つかります。みなさんが、必ず才能を見つけられるように作り込んでいるので、楽しんで取り組んでください。

［才能を見つける技術①］

5つの質問に答える

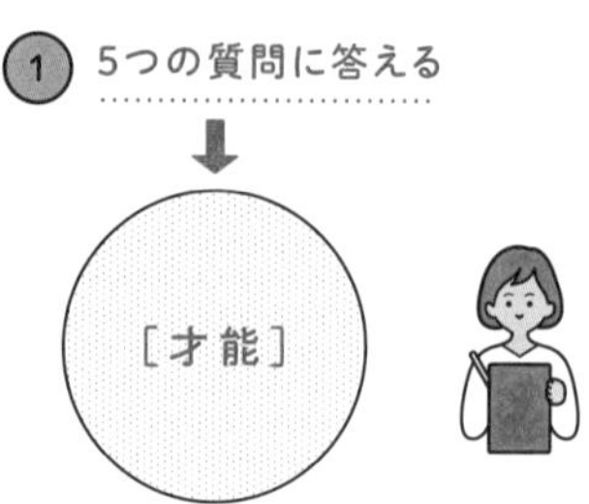

では、まずは質問を通じて才能を見つけていきましょう！

質問は全部で5つ。すべての質問に回答の参考になる例をつけてあります。

Q1 他人にイラッとすることは？

あなたが他人にイラッとすることはなんでしょうか？　なぜ、イラッとしたことから「才能」がわかるの？　と思いますよね。それは、イラッとするのは以下の2つのどちらかを思ったときだからです。

・「自分だったらこうするのに」
・「自分だったら絶対こうしないのに」

つまり、「自分なら普通にできてしまうこと」ができない人を見

たときに、「なんでこんなこともできないの？」とイラッとしてしまいます。しかし、この「イラッ」としたときはあなたの才能を見つける大チャンスです。**「イラッ」の裏側には、才能が必ず隠れています。**

CHAPTER 3

具体例を紹介します。

僕の友人に、飲み会でいつも中心になる人がいます。

あるとき、そんな友人が「面白くない話を延々と続ける人にイラッとする」と言っていました。これは僕には全くない感覚で、ものすごく驚いたので鮮明に覚えています。

面白い話をして場を盛り上げることを当たり前にやっているから、出てくる言葉でしょう。

そんな友人は、「つい面白い会話で人を楽しませようとする」という「才能」を持っていました。

この質問から才能を見つけるのには、10秒です。

・まず、イラッとしたことを考える
➡ 次に、自分が何が当たり前にできるからイラッとしたのか考える

具体例を紹介しておきましょう。

「他人にイラッとすることは？」の回答例

・「相手の立場を考えず意見をしてくる」ことにイラッとした
　➡「相手の立場に立って考える」が当たり前にできる才能

・「同じ失敗を繰り返す」人にイラッとした

➡「問題が起きたときに根本解決する」が当たり前にできる才能

・「矛盾していることを言う」人にイラッとした

➡「論理的に物事を考える」が当たり前にできる才能

このように、**他人にイラッとしたときは、他人のできないことを指摘するのではなく、「その逆が自分の才能なんだ」と捉えましょう。**それができれば、人間関係がとても円滑に進むようになって人生はラクになります。

明日からも、人と関わる中でイラッとするタイミングがあるはずです。そんなときにこの技術をつかってみてください。才能も見つかり、人間関係もラクになり、一石二鳥のテクニックです。

POINT

イラッとする他人は、あなたの才能を教えてくれている

Q2 親や先生によく注意されたことは?

親や先生に注意されたことはなんですか？

「注意されることってダメなことですよね？　なんでそこから才能が見つかるの？」と思われるかもしれません。人から注意されることは、あなたの突き抜けているポイントです。目立っているからこそ、注意されるのです。

　例えば、時速300キロで走れるF1カーが、最高速度が時速50キロの公道で走るとどうなると思いますか？　気を緩めて少し速度を出してしまうと、すぐにスピード違反になって注意されてしまいますよね。最高速度を守ろうとすると、持っているポテンシャルが発揮できずに、悶々としてしまうはずです。

　しかし、F1カーはレース会場に行くと、ものすごいスピードを出せます。

　ここから何がわかるでしょうか？

　そうです。注意されるくらい自然とできる才能を見つけて、それを長所として発揮できる環境に移ることが大事だということです。

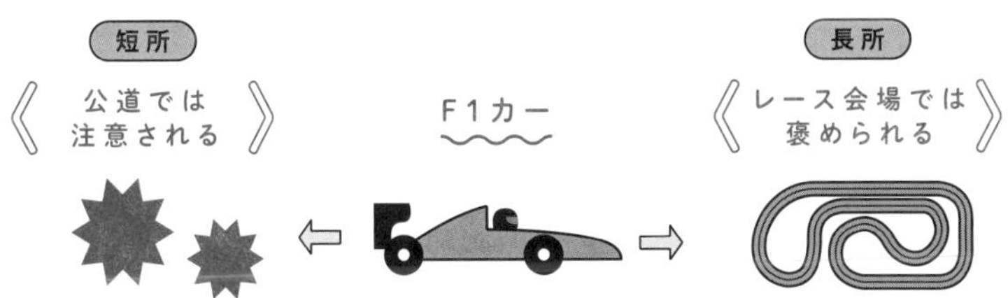

　例えば、「ネガティブなことばかり気になる」などはどう考えても短所のように見えます。

　そんな短所を持つUさんは周りの人からいつも「ネガティブなことばっかり考えるのはやめなよ」と注意され続けてきました。その結果、自分自身も「困った短所だな」と否定的に捉えてなるべく出さないようにしてきました。

　ですが、炎上を避けるための謝罪会見のプロとして仕事を始めた瞬間に、長所として役立ち始めたのです。ネガティブに考えてリスクを徹底的につぶすことでお客さまから信頼されて仕事を依頼されています。

また、僕の場合は、高校生のころ世界史のテストで0点を取って先生から怒られたことがありました。自分の受験科目に世界史が必要なかったため、他の教科の勉強に時間をつかったので0点という結果になってしまいました。ここから僕の「必要のないことを切り捨てる」という才能がわかります。

他にも、「どう考えても短所のように見えるもの」も、必ず長所として活かす方法があります。

短所にしか見えないものが、長所として活かされる例

・物事を疑ってかかる
　➡人々に真実を伝えるジャーナリストになる
・人の話を聞かずに、自分が喋り続ける
　➡セミナー講師になる
・聞かれてもいないのに「こうしたほうがいい」と言ってしまう
　➡コンサルタントになる
・飽きっぽい
　➡連続起業家になる
・政治家の悪口をよく言う
　➡社会を風刺するラッパーになる

このように、注意されることから才能を見つけるのも、とても簡単です。

・注意されたことを思い出す

⇨自分のどんな「つい、やってしまうこと」が短所になったのか考え、長所として捉え直す

例えば、このように回答してみてください。

「親や先生によく注意されたことは？」の回答例

・飽きっぽいことを注意された

⇨「新しいことに興味を持つ」才能

・親に相談せずに決めてしまうことを注意された

⇨「自分で意思決定する」才能

・冷たい、思いやりがないと注意された

⇨「感情を交えずに考え、判断する」才能

あなたが注意されたことから才能を見つけたら、ここからの人生では「その才能を活かせる環境」を選んで、そこで生きてください。**間違っても、注意される環境でがんばり続けることはやめてください。**

才能を活かせる環境の見つけ方は次のCHAPTER4で解説します。

まずはこの章であなたの才能を見つけていきましょう。

POINT

注意されるのは、突き抜けているポイント

Q3 やっちゃダメと禁止されると辛いことは？

なぜ、禁止されると辛いことを考えると才能が見つかるのか、わかりますか？　この時点でわかっていれば、あなたは才能を見つけるかなりの上級者です。

何度も繰り返しますが、才能とは「つい、やってしまうこと」です。自分にとって、それをやっている状態が自然で、やっていない状態は不自然です。無意識にやっていることなので、禁止されてできない状態はとても苦しいのです。

鳥が空を飛ぶことを禁止されて、陸を歩きなさいと言われているようなものです。

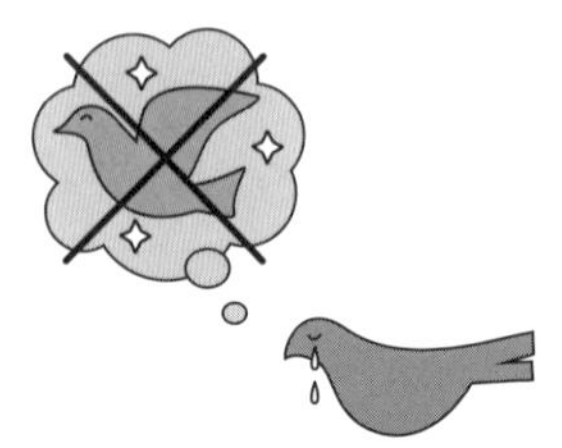

知人のTさんは感染症流行による外出自粛期間に、「人と会って話すこと」を禁じられ、とても落ち込んでいました。

つまり「他人とコミュニケーションする」という才能を持っているのでしょう。

ちなみに僕は「人と会って話すこと」は禁止されても辛くありません。それをTさんに伝えるとビックリしていました。みなさんはどうでしょうか？　「才能」はこのように本当に人それぞれです。

この質問には、以下の手順で答えてください。

1. やっちゃダメと禁止されると辛いことを考える
2. どんな「つい、やってしまうこと」が禁止されているのかを考える

この質問は1がポイントです。ストレートに「禁止されると辛いこと」を聞かれてもなかなか思いつかないかもしれません。そんな方は「これまで息苦しかった環境は何か？」と考えてみるのがおすすめです。

それは、自分の「つい、やってしまうこと」が禁止されていた環境であることが多いからです。

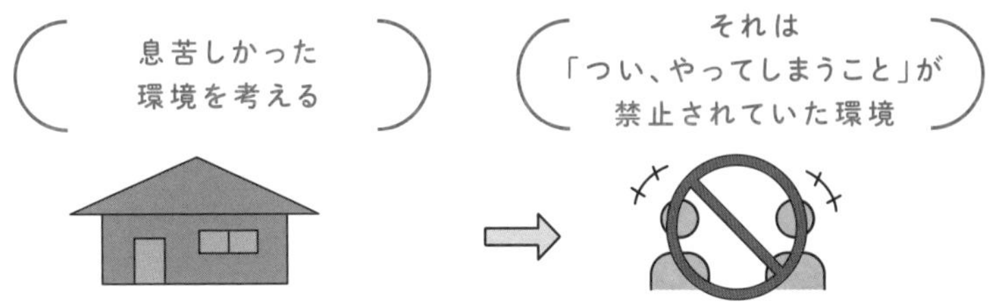

この質問にも、具体例を紹介しておきましょう。

「やっちゃダメと禁止されると辛いことは？」の回答例

・不健康そうな人にアドバイスすることを禁止されると辛い
➡「改善のためのアドバイスをする」ことがつい、やってしまう才能
・落ち込んでいる人がいるときに話を聞くことを禁止されると辛い
➡「人の気持ちに寄り添う」ことがつい、やってしまう才能

・本を読むことを禁止されると辛い

➡「新しい知識を学ぶ」ことがつい、やってしまう才能

この質問で見つかった、禁止されると辛いくらいの「才能」を仕事にするとどうなるでしょう？　そうなれば、「仕事をしたい」とか「したくない」というレベルではなく、「仕事をつい、やってしまう」という状態になります。

そのとき、人生から「モチベーション」の問題は消えます。言い換えれば、**「今モチベーションが上がらずに困っているのであれば、才能を活かせていない」**ということです。

成功の秘訣は「やる気を出すこと」ではなく「やる気がなくてもできることを続けること」。そして、やる気がなくてもできることには、あなたの才能が関係しています。

ぜひこの質問で、そんな才能を見つけてください。

POINT

「やっちゃダメと禁止されると辛いこと」を仕事にすれば、モチベーションの悩みから解放される

Q4 あなたの短所を「だからこそ」で言い換えるとどうなりますか？

あらためて、「短所」と「長所」は表裏一体です。

なのに「あなたの長所はなんですか？」と聞いても答えられる人は少なく、「あなたの短所はなんですか？」と聞くとほとんどの人が答えられます。これは不思議ではありませんか？

実は、これには人間の本能が関係しています。人間はポジティブな情報よりも、ネガティブな情報に注意を向けやすい「ネガティビティバイアス」を持っています。なぜかというと、人間の脳は明日生きることで必死で一歩間違えると死んでしまう「狩猟採集時代」に作られているので、「危険なこと」や「リスク」などのネガティブなことに注目する必要があったからです。

「ネガティブ」に注目する本能は、死のリスクが下がった現代でも変わっていません。社会の変化が急激すぎて、脳の進化が追いついていないのです。

その本能を利用して、見つけやすい「短所」から「才能」と「長所」を見つけましょう。

実は、あなたの「短所」を一瞬で「長所」に変えてしまう魔法の言葉があるのです。

それは「だからこそ」。

例えば「人見知りだから、新しい友達がなかなかできない」と考えていたとします。

この「だから」を「だからこそ」に言い換えてみましょう。

そうすると「人見知りだからこそ、大事な人とじっくり向き合うことができる」や「人見知りだからこそ、一人でじっくり考える時間を取ることができる」と一瞬で長所に言い換えられます。

この言葉をつかえば、どんな短所も例外なく、長所に言い換えられます。

なので、この質問には次の流れで答えてください。

CHAPTER 3

・短所を考える

➡ 短所がどんな「才能」から生まれているか考える

「あなたの短所を『だからこそ』で言い換えるとどうなりますか？」の回答例

・人と長時間一緒にいると疲れる

➡ だからこそ、一人で思考し新しいものを生み出すことができる

・承認欲求が強い

➡ だからこそ、多くの人に役立つ仕事をすることができる

・強い言葉で人を傷つけてしまうことがある

➡ だからこそ、その言葉で人の背中を押すこともできる

・相手の目線に立って考えることが苦手

➡ だからこそ、自分の意見をストレートに伝えることができる

・指示された通りのことをするのが苦手

➡ だからこそ、自分で主体性を持って動くことができる

・臨機応変に対応するのが苦手

➡ だからこそ、しっかり準備することができる

・目的のない世間話が苦手

➡ だからこそ、目的から逸れずに進むことができる

・勉強することが苦手

➡ だからこそ、自分で学ばず人に頼ることができる

他にも例は無数にあります。巻末特典として「才能の具体例1000リスト」を掲載しています。

短所があるあなた「だからこそ」輝ける。そんな場所が世界には必ず存在しています。

POINT

「だからこそ」で、短所は長所に一変する

Q5 他の人は嫌がるのに、自分には楽しいと思えることは？

仕事として、**あまりに楽しくて、遊びだと思えるくらいのことを見つければ、勝ったも同然**です。多くの人は「仕事とは苦痛が伴うもの」と思っています。ですが、現実は正反対です。仕事とは遊びであって、喜びが伴うもの。そういう感覚でできることのほうが楽しく、結果も出るのです。

自分には遊びのように楽しいのに、周りからは仕事として受け止

められる。それがあなたの「才能」です。

遊びのように楽しければ、1日16時間、週7日働いても苦になりませんが、苦痛が伴う仕事だと感じている人にとっては大変すぎます。だから、誰もあなたには勝てないのです。

「努力は夢中にかなわない」

これは、仕事においてよく言われる言葉です。さまざまなアレンジが加えられて流布していますが、元は孔子の『論語』にある「知之者不如好之者、好之者不如楽之者』(知っているというのは好むに及ばない、好むというのは楽しむに及ばない)」で、ことわざで言えば「好きこそものの上手なれ」です。

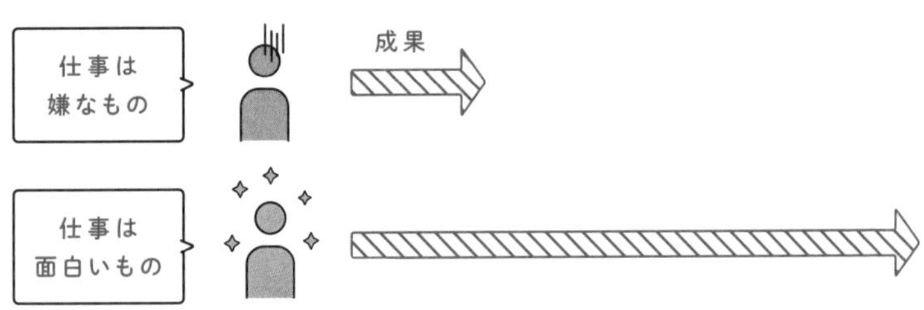

「夢中になれることなんて、ゲームくらいしかないです」と思う人もいるかもしれません。もちろんそこにも「才能」が隠れています。**ゲームに夢中になる人は多くいますが、何を楽しんでいるかは人それぞれ**です。例えばゲームでも特に「レベル上げをするのが楽しい」という人がいると思います。その場合は、「コツコツ成長する」

才能を持っています。

また「最短ルートで攻略することが楽しい」という人もいます。この人は、「効率的な戦略を考える」才能を持っています。

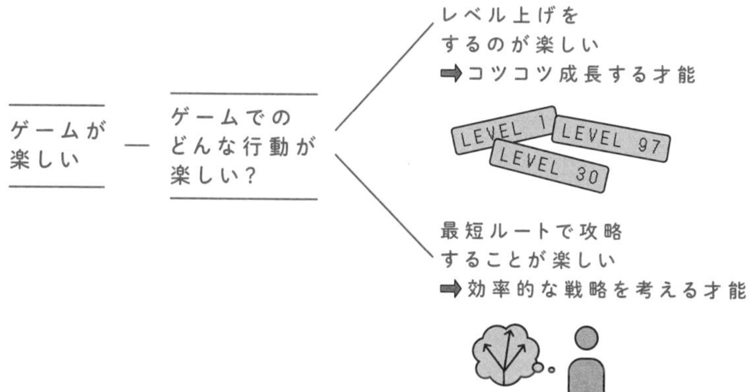

こうやって「夢中になれることの中で、どんな行動が特に楽しいんだろう？」まで掘り下げることで、あなたの才能を見つけることができるのです。この質問にも、簡単に答えられます。

・「他の人は嫌がるのに、自分には楽しいと思えること」を思い出す
➡ 特にどんな行動が楽しいのか考える

「他の人は嫌がるのに、自分には楽しいと思えることは？」の回答例

・会議の進行役をすること
　➡「みんなの意見を引き出してまとめる」のが楽しい ⬅ これが才能
・動物の世話をすること
　➡「日々ケアをして変化を見る」のが楽しい ⬅ これが才能

・書類ミスのチェックをすること
➡「ミスを見つける」のが楽しい⬅これが才能

この質問で見つけた才能を仕事に活かすことができれば、「早く仕事終わらないかな〜」ではなく、「あっという間に時間が過ぎた！もっと働きたいな〜」と思うようになります。

才能を見つけて活かすと、**これまでの人生がなんだったんだと思えるほど、世界の見え方が変わってしまう**のです。

POINT
「夢中になれること」を掘り下げると才能が見つかる

「才能を見つける技術」を毎日の習慣に

才能を見つける5つの質問を紹介させていただきました。5つの質問を知った今の時点で才能を見つけられていなくても問題ありません。

ここまで読んだだけでも「才能を見つける視点」が手に入り、明日から生活しているだけで次々と自分の才能に気づけるようになっていくからです。

いつの間にか、才能を見つけるのが習慣にすらなっていくでしょう。

巻末特典として「才能を見つける100の質問」を掲載しています。そちらも活用して、さらに自分の才能を見つけていけるはずです。

そして、残り2つの技術で才能のピースを見つけたあとに、「才能マップ」という1つの地図を作り上げてもらいます。

そのときには、あなたの中にある**バラバラだった経験が、一気につながり**、人生を生き抜く大きな自信になるでしょう。

「才能」が見つかる5つの質問

Q1 他人にイラッとすることは?

Q2 親や先生によく注意されたことは?

Q3 やっちゃダメと禁止されると辛いことは?

Q4 あなたの短所を「だからこそ」で言い換えるとどうなりますか?

Q5 他の人は嫌がるのに、自分には楽しいと思えることは?

［才能を見つける技術②］

1000リストから選ぶ

才能を見つける技術の2つ目として紹介するのが、「1000リストから選ぶ」です。巻末特典に、「才能の具体例1000リスト」を用意してあります。すべての才能がどんな「短所」と「長所」になるのかをまとめています。そのリストを見ながら自分に当てはまる才能を選んでみてください。

「自分に長所なんてない」と思っている人も、このリストを見れば一瞬で意識が変わります。やり方は、

・リストの当てはまるものに「○」をつける

これだけです。

簡単なコツが2つあります。

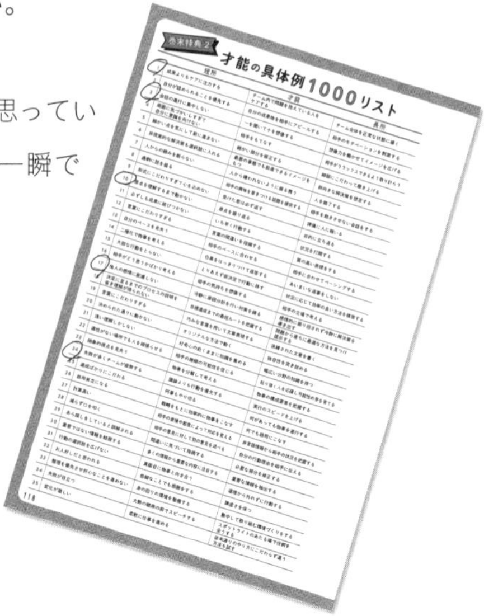
巻末特典2
才能の具体例1000リスト
短所
才能
長所

コツ 1

短所の欄を見ながら考える

まずは「短所」の欄を見ながら当てはまるかを考えていきましょう。

なぜなら、多くの人は自分の短所に気づいていてピンときやすいからです。

コツ 2　似たような才能はしっくりきたものに○をする

たとえば、「ストーリー仕立てで話す」と「臨場感に溢れた話を

する」は近い才能ですが、あえて分けて書いています。

なぜ似たものを入れているかというと、人によって「これだ！」と感じるキーワードが違うためです。片方だけに◯をつけても、もちろん両方に◯をつけても問題ありません。

ただ、リストの1000個すべてに目を通すのはちょっと大変です。

なのでまずは、1～100までのリストだけ取り組んでもOKです。「100個だけやって才能を見落とさないか心配」と感じるかもしれませんが、大丈夫です。近い才能を似たような言葉で表現しているため、100個だけ見ても十分にあなたの才能は見つかります。

リストから才能を選ぶ作業をするだけでも、「自分の才能の傾向」がどんどん見えてくるでしょう。でも、それはまだまだ序の口です。

この先、才能マップをまとめて確信を持ったら、ゾクゾクするような自分の可能性に気づき、腹の底からエネルギーが湧いてくることと思います。

そのときを楽しみに、ぜひ1つずつ才能を見つけていきましょう！

［才能を見つける技術③］

3つの切り口で他人に聞く

才能を見つけるための技術を2つ紹介しました。ここまで紹介した2つは、自分一人で取り組める技術です。

ただ、自分でやるだけでは限界があります。「自分の思い込みからなかなか抜け出せない」のです。なぜなら、才能は「自分にとって当たり前にできること」なので、見つけたとしても「これって誰でもできるよな」と思ってしまうから。

その限界を突破するために、これから紹介する「他人に聞いてみる」という技術があります。**自分にとっての「当たり前」が、他人にとっては「特別」**だと気づくために、第三者の力を借りましょう。

CHAPTER 3

自分の感覚を疑い、他人の意見を信じよう

「他人が正確な意見を持っているとは限らないんじゃない？」と疑問に思うかもしれません。

実は、300組のカップルを調査した研究では、自分の性格を自己判断したときよりも身近なパートナーが採点したときのほうが圧倒的に正しく性格を判断できていたという結果が出ています。

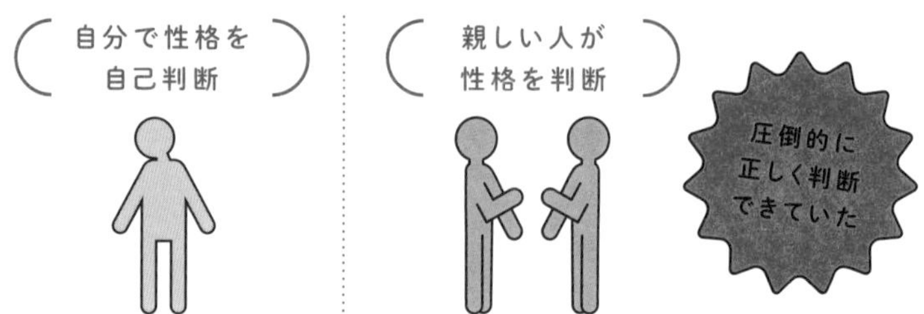

自分のことをわかっていないのは自分だけ

例えば、先日Aさんとこんなやりとりをしました。

八木「何か、つい、やってしまうことってありますか？」
Aさん「旅行に行く前に、行きたい場所の営業日や交通手段のリサーチをして、分単位で計画を立てることとかはやってます」
八木「それ、めちゃくちゃすごいですね！　Aさんの才能です！」
Aさん「いやー、こんなの普通だと思いますよ。別に難しくないですもん」
八木「だって僕には全く できないですよ。旅行先でお店に行ってみたら定休日だったなんてこともよくあります……」
Aさん「ほんとですか！　自分には当たり前すぎて気づいていませんでした」

このようなやりとりは日常茶飯事です。

周りの人には明らかに「それ才能だよね」と気づかれているのに自分だけ気づいていないということは多々あります。

才能はおでこにかけたメガネのようなもの。自分だけでは気づきにくく、他人から見たら明らかなものなんです。

自分ではなかなか見つけられない

他人から見れば明らか

CHAPTER 3

POINT

才能を見つけるときは
自分の感覚を疑い、他人の意見を信じよう

CHAPTER 3

会話から才能を見つける3つの切り口

では、どのように質問すれば、周りの人から的確な意見を引き出すことができるのでしょうか？

あなたが質問する人は、才能について深く理解していないことがほとんどでしょう。そのような場合、「私の才能ってなんだと思う？」と聞いても、「料理がうまいとかじゃない？」など、こちらが欲しい答えを引き出すことはできません。

なので、こちらから適切な切り口で聞き出す必要があります。

ここでは、他人から才能を聞き出すときの、**すぐに実践できる3つの切り口**を紹介します。

具体例といっしょに見ていきましょう。

他人に聞く切り口1

人から褒められて意外だったことは？

まず1つ目の切り口では、新しく他人から聞き出すというよりも、過去の他人の言葉からあなたの才能の“ヒント”を見つけてもらいます。

「あまりがんばっていないのに周りの人から褒められて、意外だったことはなんでしょうか？」

もし、気が置けない友人や家族になら、「私のことですごいなーと思ったこと、何かある？」と聞いてみてもいいでしょう。

あらためて、**才能とは「がんばってできること」ではなく「がんばらなくてもできること」**です。あなたにとっては当たり前にしていることなのに、周りの人からすると「なんでそれが当たり前にできるの？」と思われて、感謝されます。反対に、あなたが「がんばって感謝されたこと」は才能である可能性は低いです。

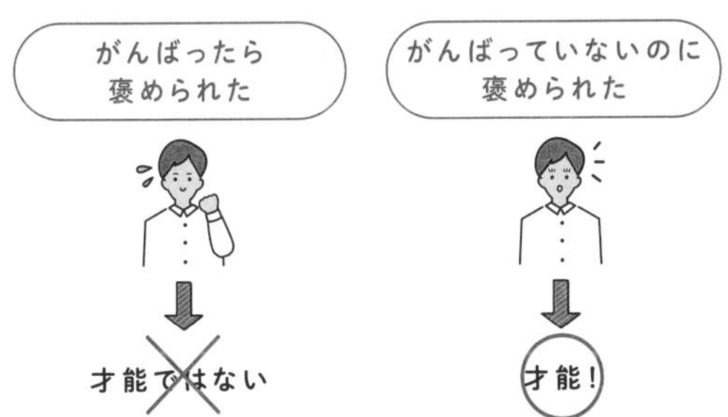

才能を見つけるときに目を向けるべきものは、自分の「がんばり」ではなく、他人からの「感謝」です。

この切り口は次のようにつかってください。

・がんばっていないのに感謝されたことを考える
⇒そこで「自然とやっていたこと」を考える

回答の参考に、具体例を7つ紹介します。

「人から褒められて意外だったことは？」の回答例

・道に迷ったときに道端の人にすぐに聞いたら、
　一緒にいる人に助かったと喜ばれた
　➡「遠慮なく人の力を借りる」才能
・勤めていた会社でWebカメラなどの機械系のつかい方を同僚や
　先輩によく説明していたら、機械関係苦手だから助かると感謝された
　➡「機械やシステムのつかい方を説明する」才能
・患者さんから気にかけてくれてありがとうと言われた
　➡「周りに気を配る」才能
・他の人がやりたくないことを積極的にやったら感謝された
　➡「全体のバランスを見て、穴を埋める」才能
・浮いてる人に話しかけて友達になったときに、喜んでもらえた
　➡「すべての人に居場所がある状態を作る」才能
・友達との旅行で行き先に迷っているときに、
　プランを提案したら感謝された
　➡「みんなが楽しめる計画を立てる」才能
・普通に説明しただけなのに、
「整理されていてすごくわかりやすい！」と言われた
　➡「整理して説明する」才能

ここで1つ、みなさんに注意しておきたいことがあります。人から褒められたときに「そんなことないですよ～」と謙遜していませんか？　それ、今後は一切やめてください。

多くの人は、人から褒められると謙遜します。なぜなら、自分に

とっては当たり前すぎて、大したことではないと思っているからです。だから、多くの人は才能に気づけません。**反対に、人からの褒め言葉を謙遜せずにストレートに受け取れるようになると、自分の才能に気づきやすくなります。**

この切り口で見つけた、「がんばらなくても褒められること」を、仕事にしたらどうなると思いますか？　めちゃくちゃラクに成果が出て、感謝されることが増え、自己肯定感が上がり、得られる報酬も増えていきます。

ここで振り返る経験は、大きなことでなくても大丈夫です。

なぜなら、才能は「見つける」のあとに「活かす」「育てる」というステップを通じて、人から大きく感謝されることになっていくから。ぜひあなたが育てていく才能のタネとして、小さな褒められたことを見つけ出しましょう。

POINT

がんばったら褒められた→才能ではない
がんばっていないのに褒められた→才能

他人に聞く切り口2

私が他の人と違う点はなんですか？

「自分が他の人よりもすごいところは？」と聞くのは、ちょっと勇気がいります。なので、「他の人と違っているところは？」と聞いてみましょう。「違っているところを聞いて意味があるの？」と思うかもしれません。違っているところとは、良くも悪くも「目立っているところ」です。

その違いが、今短所になっているか、長所になっているかはわかりませんが、「人との違い」には「才能」が関わっています。

例えばWさんは「決められた地味な作業をコツコツできること」が他の人と違うと言われました。Wさんは過去に「自由にやっていいよ」と上司から仕事を任されたとき、どう進めればいいかわからず全く仕事を進められなかった経験があります。

一方で、明確に指示をしてくれる上司の下ではものすごい集中力で事務作業を終わらせることができたそうです。

このように、「違い」は置かれる環境で「短所」にも「長所」にもなるのです。

この切り口のつかい方は以下の通りです。

・「私が他の人と違う点はなんですか？」と聞いてみる

➡「その違いを生んでいる行動」を考える

たったこれだけです。簡単ですよね。

回答例を３つ紹介しておきます。

「私が他の人と違う点はなんですか？」の回答例

・「みんなで集まって喋っているとき、

あなただけだまって聞いているよね」と言われた

➡「人の話をじっくり聞く」才能

・「道端のゴミを無視せずに拾うところ」が違うと言われた

➡「つい環境を守ろうとする」才能

・「人や物に執着しないところが違う」と言われた

➡「不要なものを手放す」才能

あなたが今いる環境で自分の才能が「短所」として出ている場合、「なんで人よりも劣っているんだろう」と自己否定してしまうことがあるかもしれません。ですが、あなたは「劣っている」のではありません。ただ、「違っている」だけです。その「違い」を、長所として活かせる環境に身を置き、育てることで成果の出せる強みにすればいいだけです。その技術はこの後お伝えします。

とにかく、まずは「人との違い」を見つけることに集中してください。そうすれば「才能を活かす」という次の扉を開くことができるようになります。

POINT

人よりも「劣っている」のではなく、
人と「違っている」だけ

他人に聞く切り口3

私は何をしているときが楽しそうですか？

才能を発揮しているとき、あなたの内側からはエネルギーがみなぎってきます。そして、そのエネルギーは周囲の人から見たときにも明らかです。

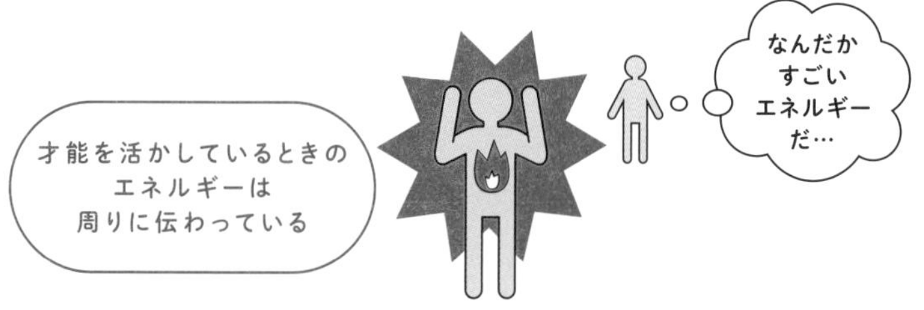

あなたは服を買うとき、自分に似合っているかをどう判断しますか？　おそらく、鏡をつかって客観的に自分を見ると思います。それと一緒で才能を見つけるときも、自分だけで判断することは難しいのです。服を選ぶときの「鏡」が、自己理解をするときの「他人」です。例えば、僕の場合はいつもそばで見ている妻に聞いてみました。

八木「俺が楽しそうなのってどんなときかなー？」

妻「何も予定がなくてずっと文章を書いてるときはすごい楽しそうだよ」

八木「えっ、ほんと？　自覚してなかった……」

妻「めちゃくちゃ楽しそうなのに気づいてないの？」

この例のように、才能を活かせているときは「自然体すぎて気づいていない」ことが多いのです。

この切り口で才能を見つけるのも容易です。

・「私は何をしているときが楽しそうですか？」と聞く

➡ どんな「つい、やってしまうこと（才能）」が関係しているか考える

「私は何をしているときが楽しそうですか？」の回答例

・「英会話の勉強をしているとき」が楽しそうと言われた

➡「できないことをできるように学ぶ」才能

・「節約する方法を考えているとき」が楽しそうと言われた

➡「コストを削減する」才能

・「エクセルで作業の自動化をしているとき」が楽しそうと言われた
➡「効率化する方法を考える」才能

あなたもだまされたと思って、この切り口でぜひ周りの人に質問してみてください。多くの場合、驚くような答えが返ってきて、気づいていなかった才能に気づくことができます。

POINT

自分を客観視したいときは
「他人」に「鏡」になってもらう

「責め合う夫婦喧嘩」が、「活かし合う夫婦会議」へ変わったきっかけ

U夫婦は、離婚寸前でした。その理由は、性格の不一致。

いつも思い出せないくらい些細なきっかけから、喧嘩がエスカレートしていきます。奥さんは旦那さんに「なんで、もっと感情に寄り添ってくれないの!?」と言い、旦那さんは奥さんに「なんで、もっと冷静に考えられないの!?」と思っていました。感情が爆発した奥さんが冷凍庫から取り出した凍った鶏肉を投げつけたことも。

ですが、旦那さんが才能について学んだことで関係が変化し始めます。

「イラッとするのは“自分にとっての当たり前”ができていない人

を見たとき」と学んだ旦那さんは、喧嘩が始まるたびに「妻がどんな才能を持っているか見つけるチャンスだ！」と考えて奥さんの才能の理解を深めていきました。奥さんも影響され始め、「才能の違い」を受け止められるようになったそうです。

「違いを責め合う夫婦喧嘩」は、「違いを活かし合う夫婦会議」に変わりました。その後、２人の才能を合わせて「ハンドメイド作品の販売事業」も始めました。

今では、お互いを「この人しかいないと思える最高のパートナー」と感じるようになっています。

このように、紹介した「5つの質問」と「3つの切り口」は、「他人の才能を見つけること」にも活用できます。他人から自分の才能を教えてもらったら、お返しにその人の才能を見つける手伝いをしてあげてください。お互いが相手の鏡になるのです。この他にも、巻末特典では「才能を他人に聞く25個の質問（切り口）」を紹介しています。

活用し、お互いが才能を伸ばし合える最高の関係をぜひ作っていきましょう。

会話から才能を見つける3つの切り口

1. 人から褒められて意外だったことは?
2. 私が他の人と違う点はなんですか?
3. 私は何をしているときが楽しそうですか?

人生を1枚の紙にまとめて、立ち返る場所を作ろう

ここまでの3つのワークに取り組んだことで、

- **才能を表した「動詞」**
- **才能の具体的な「経験」**

が集まってきたのではないでしょうか。

では、出てきたものをまとめてあなたの「才能マップ」を作りましょう。家の図に「才能」と「具体的な経験」がセットで整理されたものを「才能マップ」と呼んでいます。

完成した暁には、**あなたの人生経験が1枚の紙にまとまった、いつでも立ち返られる実家のような場所になってくれます。**

それでは、才能マップの作り方について説明します。

手順1. 才能を3〜5グループに分類する

手順2. 柱に具体的な経験を記入する

手順3. 才能マップを３つ完成させる

このシンプルな3つの手順で、才能に自信を持つことができ、「これが自分の才能だったのか！」と驚き、才能を活かす未来にワクワクが止まらなくなります。

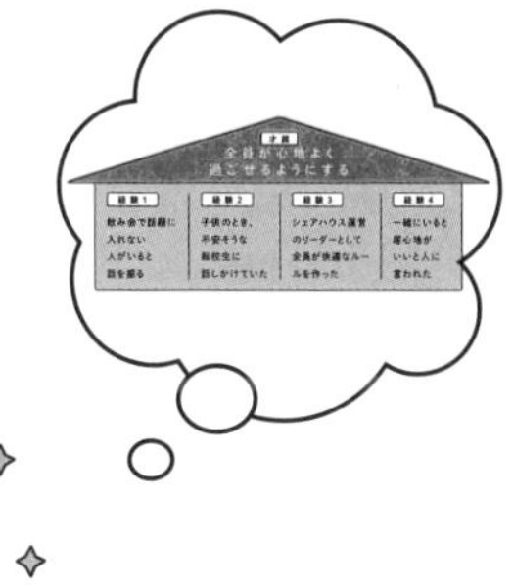

手順１　才能を３〜５グループに分類する

まず、似た才能をまとめましょう。

ここまでで見つけた「才能を表す動詞」を全部書き出してください。

次に近いキーワードをグループにして、３〜５個に分類しましょう。

付箋を使うのも整理しやすくおすすめです。

似た才能をまとめたら、それらの才能をひと言で表す動詞にしてください。

グループの数だけ、家の図を書いたA4用紙を用意し、それぞれの才能を屋根の部分に書き入れてください。

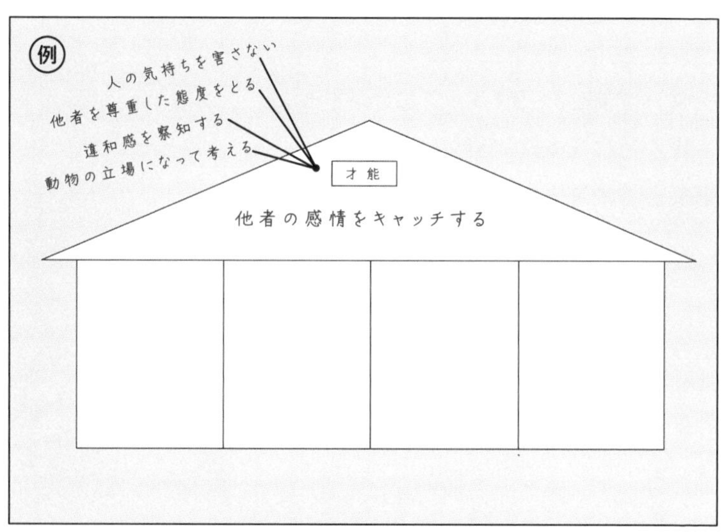

手順 2　柱に具体的な経験を記入する

それぞれの才能マップの柱の部分に、その才能と関係している具体的な経験を記入していきます。この章では、才能に確信を持つことが目的なので、柱に入れる内容は才能が「短所」として出た経験でも問題ありません。4つ以上の具体的な経験が記入できれば、その才能マップは完成です。

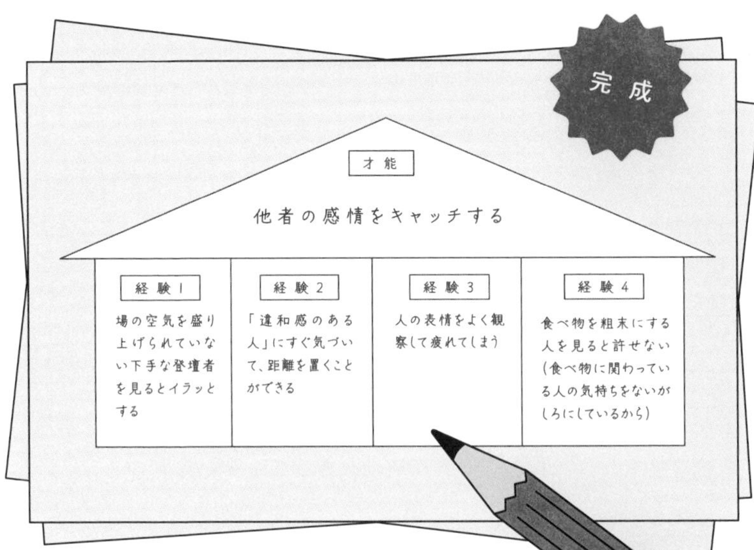

CHAPTER 3

手順 3 **才能マップを3つ完成させる**

最終的に才能マップが3つ完成し、3つの才能に自信を持てている状態になれば、「才能を見つける」作業は終了です！

もちろん4つ以上の才能マップを作れるのであれば作ってしまっても構いません。

もし屋根に入れる才能や、柱に入れる具体的な経験が足りない場合は、追加で巻末特典のワークを行ってみてください。

少し費用がかかってもいい場合は、才能を見つける4つ目の方法として「才能診断」を受けるのもおすすめです。どの才能診断を受けるべきかは、巻末特典として解説しているので興味のある方は読んでみてください。

才能マップが完成すれば、あなたは自分の才能が「これだ！」と自信が持てるようになります。

そして、生きている中で**迷いが生じたときには「才能マップ」に立ち返る**ことで、何度でも自信を持ってまた一歩を踏み出すことができるようになります。

完成した才能マップは、SNSで「#せか才」とハッシュタグをつけて投稿してください。僕もすべて目を通させてもらいます。あなたの才能マップを見ることができるのがとても楽しみです！

「人並みの才能」を「突き抜けた才能」に変える考え方

自信を持った「才能」を組み合わせれば、あなただけの「特別な才能」がそこにあらわれます。

例えば、**僕の場合は「新しい知識を学ぶ」才能を持っています。けれど、僕より得意な人はそこら中にいます。**

ただ僕は「知識をつなげて整理する」才能も持っています。

そして、「シンプルに伝える」才能も持っています。

それぞれは「つい、やってしまう」だけの、ありきたりな才能です。しかし、3つの才能を組み合わせて持っている人は多くありません。

それらを組み合わせたときに、**「学んだ知識を体系立ててシンプルに伝える」という僕だけの特別な才能になる**のです。

あなたの3つの才能がどう掛け合わさるかは、まだわからなくても問題ありません。

才能を活かしていくうちに、自分の才能と才能のつながりがだんだん見えてきて**「これが自分の特別な才能だ」**とハッと気づき、雷に打たれたような衝撃と感激がおとずれます。

その瞬間を楽しみにしながら、次のステップにまた一歩進みましょう。

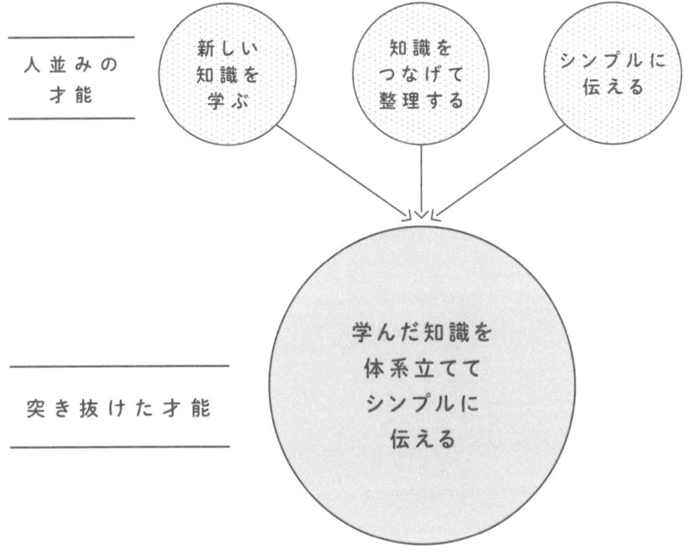

POINT

「人並みの才能」も組み合わせれば
「突き抜けた才能」に変わる

CHAPTER

4

あなたらしく輝けるようになる「才能を活かす技術」

「自分を受け入れられた」で満足してはいけない

才能を「見つける→活かす→育てる」の「見つける」をここまでで説明しました。次は「活かす」に入っていきます。

才能を「見つける」ことで、自分のこれまでの人生が言葉で説明できるようになると、人はとても安心します。

例えば、これまで生きづらいと感じていた人が、以下のような概念に出会って自分を受け入れられるようになるのを、たくさん見てきました。

- **自分はHSP（Highly Sensitive Person）だから生きづらかったんだ**
- **自分は内向型だから生きづらかったんだ**

「自分がわからない」「社会不適合者な気がする」という状態はとてつもなく不安です。そして、なぜそのような状態になっているのかを説明できるようになると安心します。それは、体調が悪いときに病院に行って診断名をつけてもらったときの感覚に似ています。

僕自身も「内向型」という概念に出会ってから自分を受け入れられるようになって、救われた感覚がありました。ぜひその感覚には、じっくりひたってほしいです。

ですが、そこで立ち止まってはいけません。

大事なのは「持っているもの」をどう活かすかです。自分が魚であることに気づくだけではなく、魚としてどう生きていくかを考える必要があります。

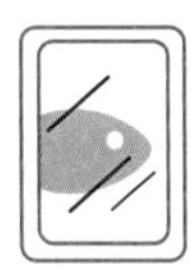

この章では、「才能を活かす技術」を体系立ててお伝えします。読み進めることで、一生つかい続けることのできる、才能を活かすための原則をマスターできるようになっています。

今までの自分からは想像できない可能性を、この章で体感してください。

グングン前に進む人が実践している「ヨットの法則」

才能を活かす技術はとてもシンプルです。やることはこれしかありません。

- **長所を活かす**
- **短所をカバーする**

では、「長所を活かす」と「短所をカバーする」をどんな順番で取り組めばいいのでしょうか？

そのために、**「ヨットの法則」**をご紹介します。

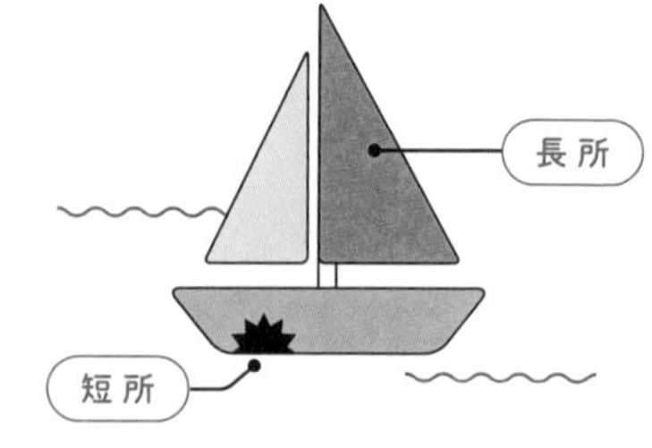

まず、「長所」はヨットの「帆」です。そして、「短所」はヨットの「底の穴」です。

ヨットは、「帆」が大きいほど、風を受けてグングンと進んでいきます。同じように、人は、長所を活かせているときにすごい勢いで前進できます。反対に、帆が閉じているときは風を受けることができず、ヨットはどの方向にも進むことができません。そして、ヨットの「底の穴」は放置しておくと、だんだんと中に水が入ってきて沈んでしまいます。それと同じように、短所は放置してそのままにしておくと、いつか重大な問題を引き起こしかねません。

では、この「ヨットの法則」から、僕たちは長所と短所にどう向き合えばいいのでしょうか？

「長所・短所」への正しい向き合い方

長所と短所をどう扱っていくか。それには3つの生き方の選択肢があります。

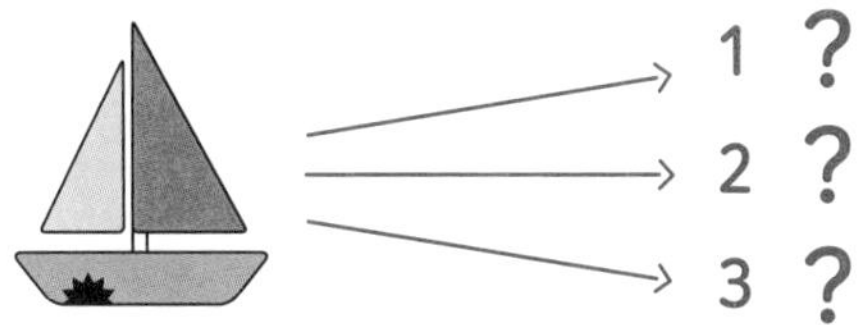

選択肢 1

「短所だけをカバーし、長所は現状維持とする」

まず1つ目は、「短所だけをカバーし、長所は現状維持とする」こと。多くの人がこの1つ目の選択肢をとってしまっています。

「短所だけをなんとかしようとする」という行為は、底の穴を修理して水漏れを防ごうとすることです。たしかに、水漏れ(短所)を修理しなければヨットはいつか沈んでしまいます。

ですが、水漏れ(短所)を修理したからといって、帆(長所)を張らなければ前に進むことはできません。

これを聞いて「今自分は、ヨットの底の穴だけ修理していて全然前に進んでいない」とギクっとした人も多いはず。

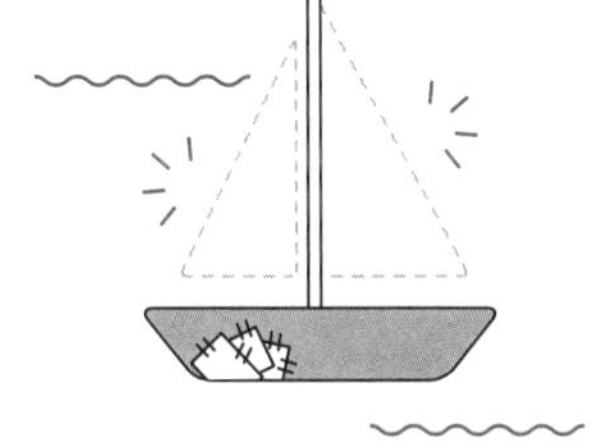

大事なことなので繰り返しお伝えしますが、ネガティブなものを気にしてしまうのは生き延びるために培われてきた人間の本能であり、あなたは何も悪くありません。

その本能は学校でも強化されます。おそらくみなさんも、苦手な科目の成績を上げる努力をしてきたことでしょう。それは、100点満点5科目のテストであれば、80点の得意科目を伸ばすよりも、

20点の苦手科目を伸ばしたほうが成績が上がり評価されるからです。でも、社会に出ると「個性が大事」と言われ始めます。なぜかというと、「100点満点」なんて上限がなく、1つのことで「1万点」「1億点」の評価をされるからです。

このように実は、「学校」と「社会」ではギャップがあるので、社会に出るタイミングで「長所を伸ばす思考」に頭を切り替える必要があるのです。

選択肢 2

「長所だけ活かして、短所は無視する」

2つ目は、「長所だけ活かして、短所は無視する」こと。

実はこれもNGです。

多くの人は世間でよく言われる「長所を活かせ！」というメッセージを「長所を活かすことだけ考えればいい」と間違って捉えてしまっています。

なぜNGかの理由は簡単。帆を張っていても水漏れをそのままにしておくといつかは前に進めなくなってしまうからです。

例えば僕は、事務作業が苦手で、放置してしまうということがありました。それに対処していないために、ずっと気になっていて仕事に集中できませんでした。そして、あるときクレジットカードの差し止めを喰らいました。

このように、あるタイミングで水が溜まりすぎて前に進めなくなり、止まって水をヨットの外に出すかのごとく、溜まった督促状に対してお金を支払っていました。

短所を無視していた結果、進むときはグングン進むけれど、定期的に止まるのでなかなか勢いがつかない状態になっていました。

他にも短所を無視してしまって止まる例としてはこんなものがあります。

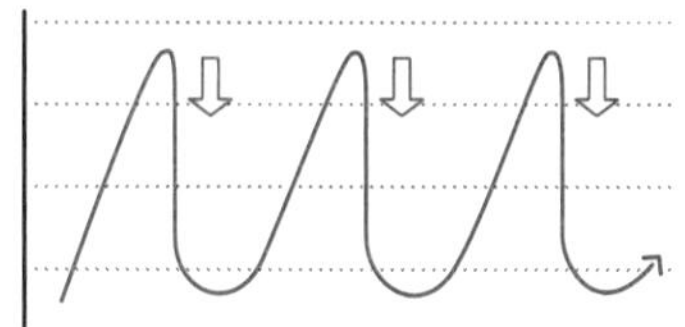

短所を無視して止まるパターン

・お金の問題を放置して、金欠になる

・人間関係を軽視して、頼れる人がいなくなる

・学び続けるけれど、行動は一切していないので成果が出ない

・新しいアイデアはたくさん思いつくけれど、最後までやり切らない

このように、好不調の波が激しい人は短所を無視してしまっていることが多いのです。あなたも心当たりがありませんか？

選択肢 3

「長所を活かしながら、短所をカバーする」

最後3つ目の生き方は、「長所を活かしながら、短所をカバーする」こと。

もうおわかりだと思いますが、これがみなさんに手に入れてほしい理想的な生き方です。

では、なぜ「長所を活かしながら、短所をカバーする」のがいいのか？　例を挙げて説明します。

僕は、健康に意識が向きません。社会人になってから5年ほどずっと以下のような食生活を続けていました。朝は砂糖てんこ盛りのカフェオレと、バターたっぷりのクロワッサン。昼はラーメン大盛り。夜は居酒屋で揚げ物とビール。おまけに、冷蔵庫にはコーラを常備。さらに、仕事はパソコン作業で座りっぱなし。

いつの間にか体重は10キロ増えて二重アゴになり、Tシャツはピチピチになっていました。そしてその生活習慣の結果、月に一度ほど体調を崩して風邪で寝込むという生活を送っていました。

これは、あるタイミングで水が溜まりすぎて前に進めなくなり、止まって水をヨットの外に出すようなものです。

僕はいまだに自分一人では健康に意識が向きません。

そこで、妻に食生活を管理してもらっています。サポートしてもらった結果、コーラと砂糖てんこ盛りのカフェオレを飲むのは一切やめて、ラーメンも次第に好きではなくなってしまいました。そしてなんと、嫌いだったサラダが大好物になり、サラダを食べないと気持ち悪いと感じるほどになってしまいました。

そして、いつの間にか体重は10キロ減り、妻と出会ってから体調を崩したのはたった1回だけ。しかもこの3年間は一度も寝込んでいません。その結果、出した本はベストセラーになり、会社の業績はずっと右肩上がりで伸びています。短所をカバーしてくれている妻に本当に感謝しています。

このように僕というヨットは、水漏れ(短所)を防ぎながら、大きな帆(長所)を張って全力疾走をしています。みなさんに実現してほしいのも、この「長所を活かしながら、短所をカバーする」という生き方です。

僕の例からもわかるように「短所のカバー」は自分一人でやる必要は全くありません。

短所のカバーの方法は全部で3つあります。のちほど詳しく解説しますね。そしてこの、「長所を活かしながら、短所をカバーする」という考え方は個人に限った話ではありません。チームで活動するときも全く同じです。

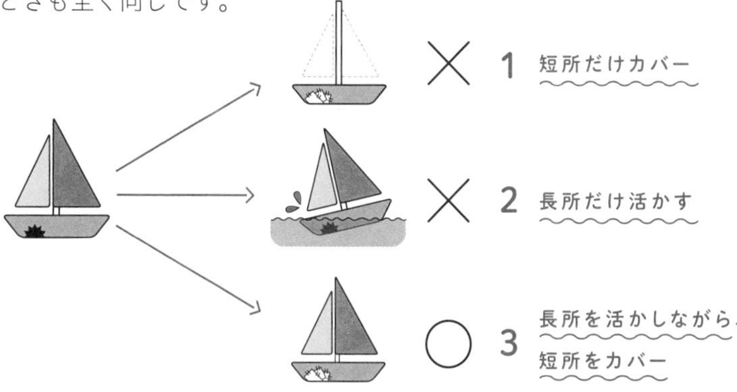

任天堂の元社長・岩田聡さんは「自分たちは、なにが得意なのか。自分たちは、なにが苦手なのか。それをちゃんとわかって、自分たちの得意なことが活きるように、苦手なことが表面化しないような

方向へ組織を導くのが経営だと思います」(『岩田さん:岩田聡はこんなことを話していた。』ほぼ日刊イトイ新聞編、ほぼ日)という話をしています。

「長所を活かしながら、短所をカバーする」という考え方こそが、人間が持っている可能性を最大限に発揮するための普遍的なスタンスなのです。

POINT

長所を活かしながら短所をカバーすることで、グングン前に進める

「悪循環にハマる人」と「好循環に乗れる人」のたった1つの違い

ここまで「長所を活かしながら、短所をカバーする」ことが大事だとお伝えしました。次に気になるのは、

「じゃあ、長所を活かすのが先？　短所をカバーするのが先？」

この疑問ですよね。実はこれ、順番が非常に重要です。

「長所を活かすのが先。次に短所をカバーする」

これが絶対に間違えてはいけない順番です。

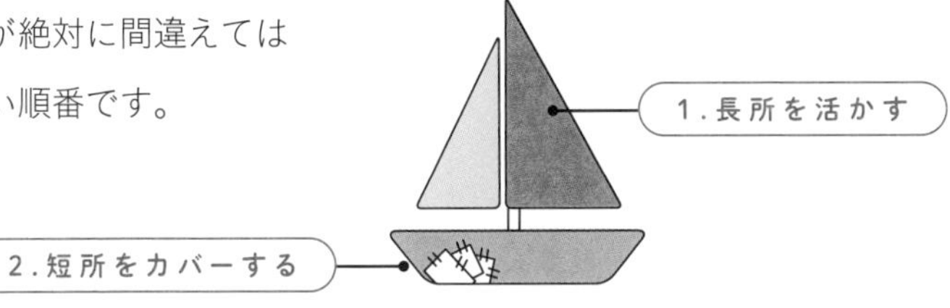

理由は、「長所を活かすことができれば、短所が出づらくなるから」です。これは心理学の基礎理論のひとつ「拡張形成理論」で説明できます。拡張形成理論とは、「ポジティブな感情を持つことで視野が広がり問題解決能力が高まる」というもの。

まず長所を活かすことで、ポジティブになり視野が広くなります。そうすれば、自然と短所のカバー方法にも目が向くようになっていきます。それがさらに長所を活かせるようになる、という好循環を生むことができるようにもなります。

多くの人は、まず「短所」に注目してしまうことでネガティブになり、さらに視野が狭くなってミスが増える悪循環にハマっています。そうならないためにも、みなさんはここで「まずは長所を活かす。次に短所をカバーする」という順番を覚えておいていただきたいのです。それでは次節からいよいよ、才能を長所として活かす技術を学び始めましょう！

POINT

まず長所に注目すると、ポジティブループが始まる
まず短所に注目すると、ネガティブループが始まる

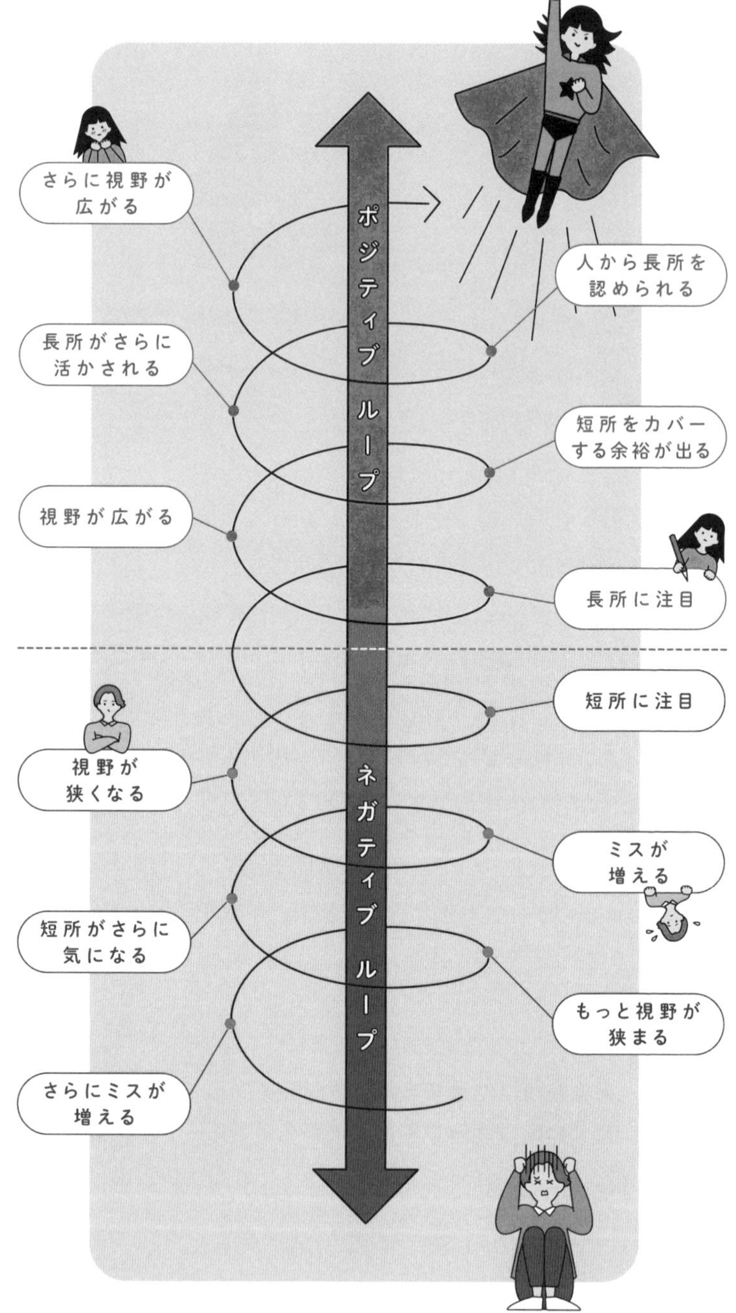
ポジティブループ
さらに視野が広がる
人から長所を認められる
長所がさらに活かされる
短所をカバーする余裕が出る
視野が広がる
長所に注目
短所に注目
視野が狭くなる
ミスが増える
短所がさらに気になる
もっと視野が狭まる
さらにミスが増える
ネガティブループ

CHAPTER 4

一生武器になる技術を、無意識レベルでつかえるようになる

ここから「才能を活かす技術」を説明していきます。

長所を活かす技術は2つ、短所をカバーする技術は3つ存在しています。

お伝えした通り、「才能を活かす技術」は「スキルや知識」と違って、**あなたが生きている限り一生つかい続けられるもの**です。「才能」はつかえばつかうほど慣れていき、意識しなくても習慣としてつかえるようになっていきます。この先ずっと、あなたの人生を切り拓くための武器になってくれます。

CHAPTER 4

長所を活かす2つの技術

最初は「長所を活かす技術」です。

「長所を活かす技術」はたった2つ。

① クラフト法…仕事を天職につくり変える魔法の技術

② 環境移動法…長所が輝く環境を再現性をもって手に入れる技術

つまりあなたには、才能を長所として活かすために「①今の環境で仕事を天職につくり変える」か「②環境を変える」かの2つの選

択肢があるということです。

環境を変える基準は「やり切ったかどうか」

気になるのは、「どこからが環境を変えるべきラインなんだろう？」という疑問でしょう。

例えば、「成果は出ているけれど、違う道もあるのではないか。そうなると、環境を変えるべきなのかどうか悩んでしまう」という話もよく聞きます。多くの人がこの「環境を変えるタイミング」の判断に迷っています。その結果、「環境を変えるのが早すぎて、仕事を転々とし続けてしまう」「環境を変えるのが遅すぎてメンタルを崩してしまう」ということが起きるのです。

なので、シンプルな判断の基準をここでお伝えしたいと思います。

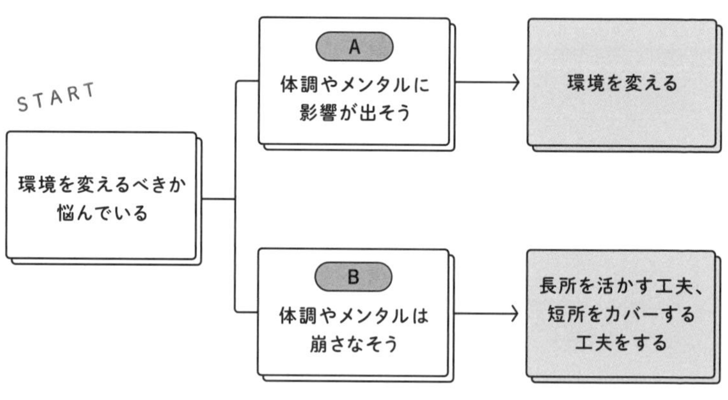

A 合わなすぎる環境からは今すぐに距離を置く

まず、今の環境にい続けることで「自分はダメだ」という自己否定感や、「体調やメンタルを崩しそうな予兆」がある場合は、すぐに環境を変えてください。悩んでいる時間はありません。「次にどんな仕事をしよう？」と考えるのも後回しで構いません。

なぜなら、才能が短所として出てしまう環境から距離を置いてからでないと、冷静な判断ができないからです。

気持ちが落ち着いたら、158ページから紹介する「[長所を活かす技術②] 環境移動法」に取り組んでみてください。

B 徹底的にもがくことで「才能が活かせる環境」を言語化する

体調やメンタルが大丈夫そうな場合は、今いる場所で才能を活かす方法はないか、徹底的にもがいてください。

なぜもがいたほうがいいかと言うと、その中で自分の才能への理解が深まるからです。うまくいかなかったとしても、とても価値のある時間になります。

多くの人が、もがくことをせずに**「なんとなく嫌だ」**という理由で環境を変えてしまいます。ですがその理由で環境を変えるのは、ギャンブルです。次に選んだ環境が自分に合うとは限りません。

ギャンブルを繰り返すのがクセになった結果、大当たり（天職）を探して永遠にさまようことになってしまいかねません。

一方で、もがき切った上で**「これだから嫌だ」**と意志を持って環境を変えれば、元の環境で過ごした時間は才能を活かすための貴重な判断材料となります。

そして「自分の才能が合わない環境」だけでなく、「自分の才能が活かせる環境」がどんなものなのかも段々とわかってきます。

その経験を積むごとに、環境を選ぶことがどんどんうまくなって、右肩上がりの人生を歩むことができるようになるのです。

そのため本書では、「①クラフト法→②環境移動法」の順番で長所を活かす技術を説明していきます。

POINT

「なんとなく嫌だ」から
「これだから嫌だ」へ言語化する

CHAPTER 4

[長所を活かす技術①]

クラフト法——仕事を天職につくり変える魔法の技術

では、まずは「クラフト法」からお伝えしましょう。

「クラフト法」とは、目の前の仕事に「才能を活かす工夫」をすることで、自分の天職に変えてしまう技術です。

僕は、「天職を見つける」という言い方が好きではありません。なぜなら、この世界のどこかに、唯一自分にぴったりの「天職」があって、それを見つけさえすれば幸せになれるというイメージを持ってしまうからです。

「天職」は「与えられる」ものではなく「作る」ものです。自分の長所が活かしやすい環境で、その活かし方を工夫することで、「これが天職だ」と感じられるようになっていくのです。

「クラフト法」をマスターし、天職に変えることができるようになりましょう。

他人の成功を真似するのはやめなさい

僕の感覚として90%以上の方は、今いる環境でも、工夫次第で「才能」を活かす余地があります。

20代の会社員Hさんの例をお話ししましょう。Hさんの目標は、「世界で自由に活躍できる人になる」こと。「日本にいながら、今できることは何だろう？」、そう考えて、会社員をしながら副業で海外向けの動画発信を開始しました。

最初は、「海外向け発信で成功している日本人」の真似をして、ファッションの動画、日本の食べ物のレビュー、スケボーの動画などをカッコよく編集してアップしていました。けれどチャンネル登録者数は20人程度までしか伸びず、楽しくないし自分らしい感じがしません。

そんなとき、僕の前著『世界一やさしい「やりたいこと」の見つけ方』に出会い、書かれている才能を見つけるワークに取り組んだのです。そこで見つけた才能は、「理想の未来を語ること」と「生き方について深く考えること」。それらを活かして、「私が1年以内に成し遂げたいこと」「出る杭(くい)は打たれるという日本文化について思うこと」など、次々と動画をアップしていきました。

CHAPTER 4

「めちゃくちゃ楽しい！　普段から考えていることをそのまま発信しているだけなので、無理している感覚も全くありません」と言うHさん。半年間続けた結果、チャンネル登録者数は5000人になり、今も伸び続けています。

Hさんは、こんなことを語ってくれました。

「他人の成功を真似しても意味がないということを痛感しました。持っている才能が全然違うんです。私が参考にしていた人は、見ているだけでカッコいい雰囲気に浸れる動画を作るのが上手でした。それはその人の才能をつかったやり方であって、私には私のやり方があったんです」

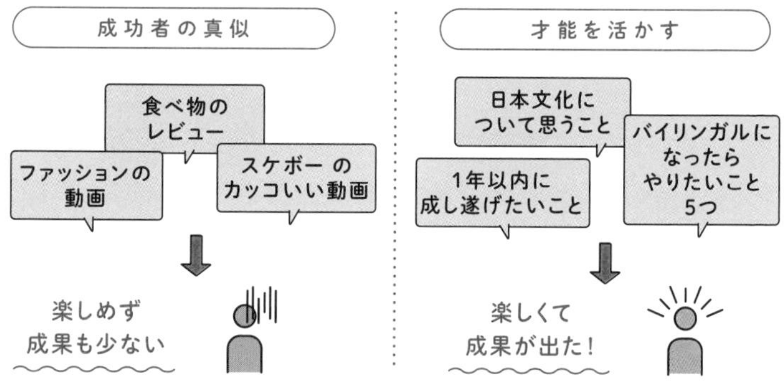

このHさんのメッセージが、ここで僕がまさに伝えたいことです。

同じことをしても、やり方は人それぞれ。才能を見つけ、その才能のつかい方を工夫しなければ成果は出ません。もし出たとしても苦しくて続けられません。

「つい、やってしまうこと」をそのまま表現すれば、成果が出ない時期も粘り強く続けることができます。 あなたが今やっていることでも、自分の才能のつかい方を工夫することは必ずできます。

「もっと自分の才能をうまくつかう方法はないか？」

こう考えることをクセにすれば、あなたの才能は長所としてどんどん活かせるようになっていくのです。 他にも、以下の環境で才能のつかい方を工夫した例にはこんなものがあります。

今の環境で才能を活かす工夫をしきるために、質問とあわせてぜひ活用してください。

「クラフト法」の実践例

・人見知りで新しい人間関係を作れない

➡「新しいことを好奇心を持って学ぶ」才能を活かして、つながりたい人がいる学びの場に出かけて知り合うようにした

・論理を重視しすぎて人の感情を無視してしまう

➡「うまくいくルールを作って守る」才能を活かして、人に意見を言うときに「私はこのように思うんですが、○○さんはどう思いますか？」とやわらかく伝えるようにした

・勉強しなければいけないのに好奇心が湧かないことに対してやる気が起きない

➡「同じ目標を目指す仲間と取り組む」才能を活かして、ファミレスで友達と問題を出し合いながら勉強した

「クラフト法」を実践するための質問

まずはこの3つの質問に答えてみてください。

・その活動をあなたが自然とできることと結びつけることはできませんか？

・過去に他の物事でうまくいったやり方を応用することはできませんか？

・自分のモチベーションが上がる行動をつかうことはできませんか？

［長所を活かす技術②］

環境移動法——長所が輝く環境を再現性をもって手に入れる技術

ここまで本書の中で数多くの、「環境を移動すること」で才能が活かせるようになった事例をお伝えしました。

ここまで読んでくださったみなさんが気になるのは、

「どうやって自分に合った環境を選べばいいの？」

これですよね。続けて説明していきます。

うまくいった過去の共通点を探る

「長所が活かしやすい環境」を見つけるためにも、才能マップをつかいます。やり方はシンプルです。

・1つの才能マップの中から「才能を長所として活かせた経験」を抜き出し、共通する「環境の条件」を見つける

これだけです。

長所として活かせた経験は２つ以上あればＯＫです。もし長所として活かせた経験の数が少なければ、巻末特典の「才能を長所から見つける25の質問」に追加で取り組んでみてください。

２つ以上の経験があれば、以下の質問に答えることで、あなたの才能が長所として活かされる環境の条件が一発で見つかります。

・やっていたこと（仕事・作業・趣味）の特徴は？
➡ 例：一人で黙々と取り組めることだった
・そのとき周りにいた人は誰？
➡ 例：尊敬できる先生がいて教わることができた

１つの才能に対して行ったら、残りの才能でも同じ質問をすることで、活かせる環境の条件を見つけることができます。

「才能4タイプ分類表」で環境マッチ率を上げる

ただ、「なんの手がかりもなしに自分を活かせる環境を見つける」ことは少々難易度が高いのも事実です。そんな方のために、才能の種類に応じて、その才能が、

- **長所が活きやすい職種・役割**
- **短所が出やすい職種・役割**

を4タイプに分類し、162ページに整理しました。

この分類を活用すれば、才能を活かせる環境を見つけられる確率がグッと上がります。 あくまでの1つのタイプ分類なので絶体視することなく、大まかな方向性を見出すためにぜひ活用してみてください。 表の下部の「才能を育てるために適したスキル・知識」については、CHAPTER5でお伝えします。

あらためて、まずは「クラフト法」、次に「環境移動法」を実施する。この順番に沿って進めていきましょう！

POINT

まずは長所を活かせるように
「クラフト法」→「環境移動法」を実践する

短所をカバーする3つの技術

長所の活かし方がわかったら、次は短所のカバーです。

あなたの周りにも、短所がなく完璧に見える人がいるかもしれません。

そんな人は、必ずこの「短所のカバー」をしています。

「短所がない」のではなく「短所が見えない」だけなのです。

くれぐれも間違えないようにしていただきたいのは、「短所のカバー」は、あなたが「長所を活かすこと」ができてからです。

長所を活かす前に短所をカバーしても、前に進まないヨットの底を修理するだけになってしまうことはお話ししました。

「短所をカバーする技術」は全部で3つあります。

① 手放し法

自分らしくないことを全部削って自由になる技術

② 仕組み法

目覚まし時計のように短所のカバーを自動化する技術

③ 人頼り法

ラクになりながら社会貢献もできる一石二鳥の技術

才能4タイプ分類表

才能タイプ① 推進タイプ

［才能を表す動詞］

アイデアを思いつく、新しいことを始める、自分の意見を言う、
達成する、合理的に考える、挑戦する、未来を描く

長所が活きやすい職種・役割	短所が出やすい職種・役割
管理職／経営者／研究開発リーダー／プロジェクトマネージャー／マーケティング／全体像を見る／ビジネス戦略／アイデア出し／商品開発／商品設計／販売戦略立案／コンサルタント	データ分析／顧客サービス／ルーティンワーク／詳細分析／マーケットリサーチ／文章校正／時間管理／カウンセラー／人の話を聞く／接客業／事務／人事

［才能を育てるために適したスキル・知識］

情報整理、思考整理、ビジネスモデル、アイデア作り、プレゼンテーション

才能タイプ② 表現タイプ

［才能を表す動詞］

人前で話す、挑戦する、率直に意見を言う、
新しい人と仲良くなる、伝える、人を巻き込む

長所が活きやすい職種・役割	短所が出やすい職種・役割
プロデューサー／広報／プロモーション／セールス／リーダーシップ／戦略立案／プレゼンテーション／モチベーションアップ／プロジェクト初期段階／チームリーダー／営業／芸能関係／接客業／プランナー	財務／システム設計／折衝業務／分析／計測／プロジェクト管理／顧客サービス／文章作成／技術職／研究者／税理士／医者

［才能を育てるために適したスキル・知識］

プレゼンテーション、ブランディング、スピーチ、
ソーシャルメディア、マーケティング

才能タイプ③　思考タイプ

［ 才能を表す動詞 ］

考える、勉強する、リスクを見る、ミスなく進める、分析する

長所が活きやすい職種・役割	短所が出やすい職種・役割
財務／コンサルタント／研究職／士業／アナリスト／企画職／システムの設計／データ集計・分析・管理／優先順位づけ／プロジェクト管理／コンプライアンス／書類作成／組織管理／時間管理／文章校正	交渉／顧客サービス／マーケティング／セールス／人材管理／ブレインストーミング／システム設計／チームビルディング／コピーライティング／モチベーションアップ／商品開発／プレゼンテーション／営業／接客／広報／クリエイター

［才能を育てるために適したスキル・知識］

クリティカルシンキング、エクセル、文章術、金融、会計、
情報収集・リサーチ、プロジェクト管理

才能タイプ④　人間関係タイプ

［ 才能を表す動詞 ］

チームで進める、人の気持ちに気づく、困っている人を助ける、
人をまとめる、話を聞く

長所が活きやすい職種・役割	短所が出やすい職種・役割
営業／交渉／広告代理店／ジャーナリスト／人間関係構築／チームビルディング／コラボレーション／パートナーシップ／ネットワーキング（人との交流）／適性審査／プロジェクトの実行／市場調査／カウンセラー／介護職／接客業／人事	財務／オペレーション業務／商品開発／データ処理・報告／コンプライアンス／イノベーション／商品開発／システム設計／危機管理／モチベーションアップ／ルール管理／戦略的リーダーシップ／講演／マーケティング／システム分析／全体像を見る／変化を起こす

［才能を育てるために適したスキル・知識］

コミュニケーション（話し方、聞き方）、営業、交渉、
人材マネジメント、チームビルディング

「短所を封じる努力」は必ず無駄に終わる

「短所をカバーする技術」を説明する前に、絶対やってはいけない「短所に対するNGな向き合い方」を説明します。

それは、「短所を封じ込めようとする」ことです。

例えば、人の気持ちを察知することが得意な人が、「人の気持ちに振り回されてしまうこと」に悩むケースは多くあります。そんなとき、周りの人から「気にしすぎだよ」「もっと鈍感になったほうがいいよ」などのアドバイスをされることがあります。

あなたも、このようなアドバイスをされたこと、または人にしたことがありませんか？

ですが、このアドバイスに全く意味はありません。それどころか悩んでいる人をさらに苦しめてしまいます。そのアドバイスを真に受けて「気にしすぎないようにしよう」としても、うまくはいきません。なぜなら、その人にとって人の気持ちを察知するのは、「つい、やってしまう」才能だからです。

無意識に出てしまうものだから才能なわけで、意識で封じ込めるものではないのです。鳥が空を飛ばないようにしようとがんばるようなもの。人の気持ちを察知するのが得意な人に対して「何も感じるな」というのは不可能なのです。

「気にしすぎないようにがんばっても、そうできない自分はダメだ」と、さらなる自己否定に陥ってしまうのです。

それを、鉄の意志で自分の感覚を否定し続けようとすると、「人の気持ちに配慮できる」という素晴らしい長所まで一緒に封じ込めるようになってしまいます。最悪の場合は体調を崩してしまいます。

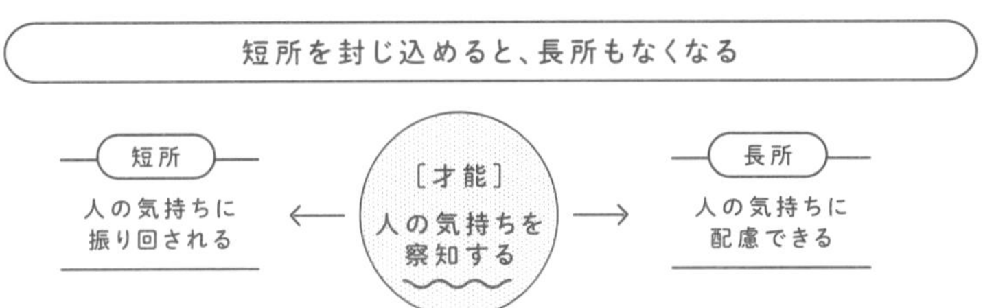

他にも、短所を否定しようとしてうまくいかないパターンにはこのようなものがあります。

短所を封じ込めようとするパターン

・慎重で行動が遅い人
　➡「とにかく行動！」と意識する
・真面目に考えすぎてしまう人
　➡「もっと適当にやろう」と意識する
・深く考えすぎてしまう人
　➡「深く考えないようにしよう」と意識する
・人の目が気になる人
　➡「人の目を気にしないようにする！」と意識する
・後先考えず行動してしまう人
　➡「じっくり考えてから行動しよう」と意識する

・責任を負いすぎて無理してしまう人

➡「無理しないでね」と言われて無理しないようにしようとする

これらは、うまくいかないどころか、本来の自分の長所まで殺してしまうことになりかねません。なので絶対にやめてください。

では、短所をどうすればいいのか？

そこでお伝えしたいのが、ここから紹介する「短所をカバーする3つの技術」です。

3つの技術で短所への対処ができるようになれば、あなたはこの先の人生、自分の短所で悩むことがなくなるでしょう。

ぜひ一生つかえる短所のカバー技術を、今ここで身につけていってください。

[短所をカバーする技術①]

手放し法――自分らしくないことを全部削って自由になる技術

無意味なことを生産的にやるな

短所をカバーするためにまず考えたいのは、「短所が出てしまう活動を手放すことはできないか？」です。

実は、「自分の満足」にも「仕事の成果」にもつながってないのにやっていることは意外なほど多くあります。多くの場合、「やらなければ」という思い込みがあって続けてしまっています。

まずはその活動を手放さない限り、どんなに短所をカバーしようとしても、「無意味なことを生産的にやる」だけになってしまいます。

そうなってしまうのは避けたいですよね？

そのために、「やらなければいけない」という思い込みを手放し、短所を手放しましょう。

4人以上の飲み会で「空気」になってしまう僕

僕がずっと悩んでいたことを書きます。

僕は４人以上いる飲み会や食事会が非常に苦手で、そのような場に行くと全く喋ることができなくなってしまうのです。相槌（あいづち）を打つばかりで、空気のような存在になってしまうことがコンプレックスでした。もしかしたら、共感してくれる方もいるかもしれませんね。

僕は人見知りではありますが、１対１なら普通に話せるし、仲良くなることもできます。けれど４人以上だと全然だめなんです。

そのため、現在は対策を練ってなんとかしています。対策とは極めてシンプルなことで、「４人以上の飲み会に行かないこと」です。苦手なことは苦手だと、潔く諦めることにしました。

セミナーや講座にもよく参加しますが、その後の懇親会には行きません。楽しめないとわかり切っているので。

諦めるまでには、「たくさんの人がいる場で盛り上がれる自分でなければいけない」という思い込みが強く、「本当に行かなくて大丈夫なんだろうか？」とモヤモヤしていました。

しかし、結果的に、一切困ることはありませんでした。むしろ、家族や友人一人一人との時間を大切にできるようになりました。

そのことで信頼できる人と深い関係を築く時間が取れるようになったので、不思議なことに仕事もうまくいき始めました。

僕にとって、「多くの人がいる飲み会で人脈を作らなければ！」という考えは完全なる間違いでした。短所を手放すことによってストレスがなくなり、生活も仕事もうまく回り始めたのです。

手放すほどあなたは、あなたらしくなる

一度聞いてから、僕の記憶に焼きついて離れない言葉があります。

「なあ、木彫りの象ってどうやって作るんだ？」
「そりゃあ簡単だ。象らしくないところを全部削ればいいんだよ」

そして、ここに僕はこうつけ足したいです。

「じゃあ自分らしく生きるには？」
「同じだ。自分らしくないところを全部削ればいいんだよ」

自分らしくないところを削れば
自分らしさが残る

ここまで本書では「内側から才能を見つける方法」を説明してきました。

ですが、自分らしくないことをすべて手放した先に「残ったもの」が「つい、やってしまう」くらいの才能と考えることもできます。

今まで当たり前にやってきたことを手放すのは勇気がいるでしょう。ですが、あなたが「手放したい」と思っている時点で、それはあなたが人生においてやるべきことではありません。

「つい、やってしまうこと」は体に刻まれている行動なので、いくら手放したいと思っても、絶対に手放すことなんてできないのです。手放すことで、あなたの「長所を活かす」ための時間ができ、あなたはさらにあなたらしく生きられるようになるのです。

「手放し法」の実践例

・「目標設定」を手放した

➡ 目標に縛られず思いつくまま行動を起こせるようになった

・家事を完璧にすることを手放した

➡ やりたいとき、できるときだけ家事をし、完璧を目指さなくなったことで、仕事や趣味、将来のための勉強に時間をつかえるようになった

・「スマホ依存」を手放した

➡ 一日のうちでスマホを見ない時間を作ることで、情報や連絡に追い立てられるような気持ちがなくなった

CHAPTER 4

「手放し法」を実践するための質問

・それはあなたが仕事で成功するために不可欠でしょうか？
・この活動をやめてしまう方法はありますか？
・その活動をやめて困ることはなんですか？
・やめる前に相談すべき人はいますか？
・やめられないなら、どうやってかける時間を減らせますか？

［短所をカバーする技術②］

仕組み法――目覚まし時計のように短所のカバーを自動化する技術

２つ目に紹介するのは、自分の短所をカバーしてくれる仕組みをつかう方法です。 あなたの短所を、高確率でカバーしてくれる仕組みが存在しています。「仕組みをつかう」というと難しそうと感じる方もいるかもしれません。 そんな方に質問です。

「目覚まし時計をつかったことはありますか？」

ほとんどの方があるでしょう。それも、「朝起きられない」という短所をカバーするための仕組みの１つです。このように難しいことは一切ありません。

仕組みで解決する威力は絶大

僕は不注意で、よく仕事の抜け漏れがあるという短所を持ってい

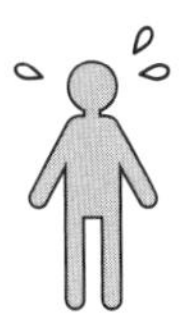

ます。

例えばセミナーを開催するときには、パソコンから音声が出ずに焦って対処することがよくありました。

そこに「仕組み法」をつかって、セミナー前の確認事項をチェックリストにして、確認するようにしています。このチェックリストを作ってから、ミスがないとわかっているので安心して話せるようになり、元々持っている「人前でわかりやすく話す」という長所をさらに活かせるようになりました。

また、自分の好きなことだけやっていたい僕は、独立してからずっと領収書の管理や確定申告の手続きが苦痛でした。 いつも頭の片隅にあるのだけれど、やりたくないので見て見ぬ振りをしている状態。

その僕のエネルギーを奪っていく活動を、税理士さんに任せることにしました。書類の管理や申告を税理士さんが行ってくれるので、今ではほとんど時間を割くことなく仕事に集中できています。これも「仕組み法」の一種です。

ただ、仕組み法は多少お金がかかることもあります。

ですが、エネルギーを奪われる活動はお金を払ってでも自分でやらなくていいようにすると、長所を活かせる活動に時間を割けるようになり、払った費用以上のリターンが返ってくる場合がほとんどです。

世の中には、素晴らしい仕組みがたくさん存在しています。

その**仕組みで短所が出る余地をなくしてしまう**のです。そのときの、長所が活かせるようになってグングン前に進めるようになる感覚をぜひ一度味わってみてください。

「仕組み法」の実践例

・片付けができない

➡ 家事代行サービスを依頼

・夜遅くまでスマートフォンを見てしまう

➡ 夜中に自宅のWi-Fiが切れるようにする

・料理の栄養が偏ってしまう

➡ 作り置き料理を毎週届けてくれるサービスをつかう

「仕組み法」を実践するための質問

・同じ短所を持っている人はどんな方法で対処していますか？

・あなたが時間をかけたくないことを、お金を払えばカバーしてくれる方法はありますか？

・「◯◯　したくない」（例：「スライド作り　したくない」）と検索して、カバーする方法を探してみましたか？

［短所をカバーする技術③］

人頼り法――ラクになりながら社会貢献もできる一石二鳥の技術

「人に頼むのが苦手」

そんな苦手意識を持っている人が、実は結構多いのです。

しかし、多くの人が苦手意識を持っているだけに、この「人頼り法」をつかえるかどうかで、大きな差がつきます。

人に頼らず全部自分でなんとかしようとするのは、ピカチュウがでんきの技がきかない苦手な、いわタイプのポケモンに一生懸命立ち向かうようなものです。

いわタイプのポケモンとどうしても戦わないといけないときには、得意な、みずタイプのゼニガメに代わってもらったほうがいいと思いませんか？

人頼り法をつかう簡単なコツをここでお伝えするので、あなたも必ずできるようになります。

人に頼めるようになる3つのポイント

20代後半のMさんは、任された仕事をいつも一人で抱え込んでしまって、深夜までの残業が当たり前になっていました。特にセミナーでつかうスライド作りが苦手で、果てしなく時間がかかってしまいます。

仕事仲間から、「できないことがあったら早めに頼ってください！頼られるとこちらとしても嬉しいので！」と言われても、なかなか人に頼ることができずにいました。

けれど**あるときを境に、Mさんは自分の苦手なことを人に頼ることができるようになった**のです。

Mさんの中に一体どんな変化が起きたのでしょうか？

起きた変化は3つです。

1つ目は「自分の存在価値を認識できた」こと。2つ目は「自分が嫌なことをやりたい人がいることに気づいた」こと。そして3つ目は、「人は頼られると嬉しい」と気づいたことです。

CHAPTER 4

人頼り法のポイント1
人に頼れない人は「自分の存在価値を確信できていない」

自分の長所を活かせるようになると、短所を人に頼りやすくなります。人に頼れない最大の理由は、「それを手放すと自分の存在価値がなくなってしまう」と思っていることだから。

つまり、人に頼れない人とは「自分の存在価値を確信できていない人」です。

反対に、人に頼れる人とは「自分の揺るぎない存在価値を確信できている人」です。

Mさんが人に頼れるようになった一番大きなきっかけは、「部下

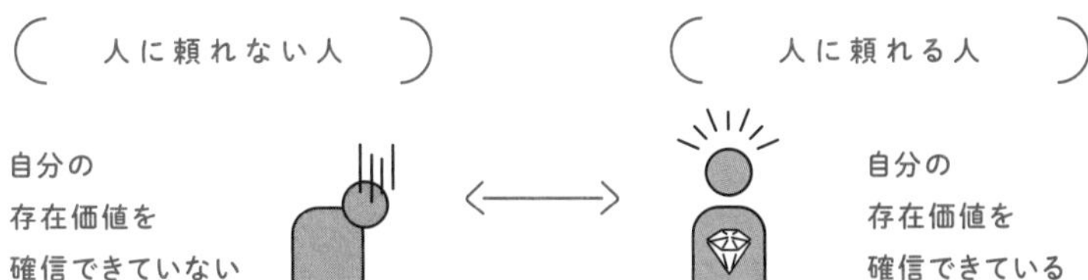

の育成」を任されるようになったことでした。

「どういうふうにコミュニケーションをとったらその人が伸びるかが手に取るようにわかるんです」とMさんは言います。

それは、まさにMさんの才能が長所として活かせる仕事でした。

自分の長所が活かせる仕事を手に入れたMさんは、「自分はチームに貢献できている。少しくらい人に頼ったとしても大丈夫だ」と感じて、人に頼れるようになったのです。

人に頼れなかったときの心理状態を、Mさんはこう話してくれました。

「スライド作りなんて、社会人として仕事をする上で基礎スキルで、苦手だと赤裸々に開示するのは仕事ができないヤツ認定されそうで怖かったんです」

以前、家事が苦手で困っている主婦の方に「家事代行をお願いしたらどうですか？」とお伝えすると、「家事代行なんてとんでもない！　これは自分の仕事なんです！」という反応をいただいたことがありました。

詳しく話を聞くとこの方も「他に自分が貢献できていることがな

いので、家事を手放してしまうと自分の存在価値がなくなってしまう」と感じていたそうです。

もしあなたが短所を手放せずにいるとしたら、まだ「長所」を活かせる場所を見つけられていない可能性が高いです。

人は「自分の長所が活かせているとき」に、短所を人に頼ることができるようになるものです。

ですから「短所を人に頼れるようになる」ためにも、まずは「長所を活かせるようになる」のが最優先ということです。

POINT

長所を活かせれば、短所の部分を頼れるようになる

人頼り法のポイント2
「自分が嫌なことをやりたい人がいること」に気づく

人頼り法を実行できるようになるための2つ目のポイントは、「自分が嫌なことをやりたい人がいる」ことに気づくことです。

これが腹落ちした瞬間に、人に頼むのが苦手ということがなくなり、ブレイクスルーが起きます。

多くの人は**「自分が嫌な仕事は、誰もが嫌なものだ」**と考えてしまっています。

それがなぜなのかは、ここまで本書を読み進めてきたあなたであればわかるのではないでしょうか？

そうです。

「自分にとって当たり前すぎること」は、「他の人も同じだろう」と思ってしまうからです。

ですが、それは大きな勘違いです。

人によって才能は違います。だから、**やっていて楽しいことも、やっていて嫌なことも、全く違っています。**

さきのMさんも「自分はスライドを作るのが嫌だから、他の人も嫌だと思っていました」と言います。おそるおそるスライド作りをお願いしたところ、頼んだ相手が「やりたいです！」と目をキラキラさせて答えたので、「え、本当に？」と耳を疑ったそうです。

あなたもそんな経験が一度はあるのではないでしょうか？

「自分がされて嫌なことは人にしてはいけません」と教わったことがある人も多いはずです。

それも、一面では合っていますが、必ずしもそうとは限りません。

自分が嫌なことと、人が嫌なことは違っているからです。

自分の才能を見つけて、他者との違いがわかるほど、「自分が嫌なことをやりたい人がいる」と腹落ちしていきます。

それに気づいた瞬間、人にお願いすることへの抵抗はグッと少なくなります。

POINT

「自分がされて嫌なことは人にしてはいけません」は間違い

人頼り法のポイント3
「頼んでごめんね」から「やってくれてありがとう」へ

「人は頼られると嬉しい」

これも、他人に頼ることのできない人が見逃してしまっている真理です。

人に頼れない人は、「自分視点」で物事を考えてしまっています。頼るということは、自分ができないことを相手に押し付けることなのではないか……。だから、「頼んじゃってごめんね」と言います。

反対に、人に頼るのが得意な人は、「他者視点」で物事を考えることができています。頼ったら、進んでやってくれそう。あの人の才能をつかってもらえるチャンスだ。頼むときは「これ、お願いしたいんだけど……。いい？　できるなんてすごい！　ありがとう！」と言います。

頼れない人は視点が「自分に」、頼れる人は視点が「相手に」向いています。

なので、これからあなたが人に頼ったあとには、ぜひ相手にとっ

人に頼れない人	人に頼れる人
自分視点	他者視点
頼むのは自分がラクをする悪いこと	頼むのは相手が喜んでくれる良いこと
「頼んじゃってごめんね」と言う	「やってくれてありがとう」と言う

て「当たり前の才能」を伝えて感謝してみてください。「頼んじゃってごめんね」ではなく、「これができるなんてすごいね！　ありがとう！」というふうに。そうすれば、**頼られた側は「これが自分の才能なのかも」と気づく**こともできます。

ぜひ以下の声かけを参考につかってみてください。

▶感謝とともに才能に気づいてもらう声かけ例

「これができるなんて、すごいです！　ありがとうございます！」
「自分には全くできないので、本当にすごいと思いました！」
「なかなか頼める人がいないんです。ありがとうございます！」
「いつも◯◯してくださっているのに、助けられています」
「◯◯をやってくださっているとき、とても楽しそうに見えるのでこちらもお願いしやすいです！」

人は、自分が役に立っていると実感できる場所にいたいと感じます。周りの人に頼れば頼るほど、あなたの周りには貢献したいと思ってくれる人たちが溢れるようになっていきます。

このように、才能を見つけて活かすことで、自己肯定感や仕事での成果だけではなく、信頼し合える人間関係まで手に入れることができるのです。

POINT

「人は頼られると嬉しい」と気づくと、頼れるようになる

短所を克服しないのは、社会貢献

短所を人に頼れるようになるための考え方をあらためてまとめます。

1. **長所が活かせると自分の存在価値を確信でき、短所を人に頼れるようになる**
2. **自分が嫌なことをやりたい人がいる**
3. **人は頼られると嬉しい**

この3つの事実から僕は、「自分の短所を残して人に頼るのは、もはや社会貢献」だと感じています。

「自分の穴を誰かに埋めさせてあげよう」くらいの気持ちで人に頼ればいいんです。

あなたの短所が、誰かが長所を活かす居場所になるのです。

「人頼り法」の実践例

・仕事のタスク管理が下手
　➡ プロジェクトマネジメントが
　　得意な人に頼る
・人前で話すのが怖い
　➡ 人前で話したい人に頼る

「人頼り法」を実践するための質問

・あなたの周りでその活動を好きな人は誰ですか？
・その仕事を頼るとしたら、
　代わりに自分ができることはなんですか？
・誰と一緒にやればその活動をもっと楽しくできますか？

99%の無駄を捨て、1%に集中する

僕はサン＝テグジュペリが残したこの言葉が好きです。

「完璧とは、他に足すべきものがない状態ではなく、他に引くべきものがない状態である」

この言葉を僕は、「自分のできない99%のことを人にお願いして手放し、自分の才能を活かせる1%のことに一生懸命になるものだ」

という意味として受け取りました。

あなたは、自分の才能を活かせることに人生を集中できていますか？　他の誰かのほうが、楽しんでうまくできることに命の時間をつかってしまっていませんか？

手放し、頼り、そうして最後に残ったものこそ、あなたが大切に育てていく才能です。

本当に大事な才能を大切にするために、その他のことを諦めましょう。

だから、「できないことを諦める」「できないことを頼る」のは、逃げではありません。むしろ、**自分を本当に大事に思っているからこそ逃げるという行為ができる**のです。

一刻も早く、短所をカバーすることで、自分の長所をのびのびと活かしてあげてください。

才能を活かす5つの技術

長所を活かす技術

① クラフト法・・・仕事を天職につくり変える魔法の技術

② 環境移動法・・・長所が輝く環境を再現性をもって手に入れる技術

短所をカバーする技術

① 手放し法・・・自分らしくないことを全部削って自由になる技術

② 仕組み法・・・目覚まし時計のように短所のカバーを自動化する技術

③ 人頼り法・・・ラクになりながら社会貢献もできる一石二鳥の技術

／巻末特典では「才能を活かす100の質問」も紹介しています＼

「我慢は不要」だが、「忍耐は必要」

ここまで長所の活かし方、短所のカバーの仕方を説明してきました。

「才能を活かす技術」の最後に、皆さんが才能を活かせるようになるための最も重要な「マインドセット」についてお話ししておきます。そのマインドセットとは、

「我慢は不要」だが、「忍耐は必要」

というものです。

なぜこのマインドセットが重要なのでしょうか？

まず、「我慢」とは、やりたくもないことをイヤイヤ続けることです。「短所が目立つ環境」でがんばったり、「自己の才能を変えようとする努力」をしたり……。

それは「才能を活かす生き方」とは真逆にあります。

あなたが今「我慢している」と感じていたら、進む道を間違っているので方向転換する必要があります。

一方で、忍耐は必要なものです。

ここまで紹介した才能を活かす技術のいずれも、一発でうまくいくことは稀(まれ)です。

特に、「才能を長所として活かすこと」がまだできていないとき、あなたは強い孤独を感じるでしょう。

「世界での自分の居場所はどこなんだろう？」と感じて、夜眠れない日があるかもしれません。僕にも不安で眠れない夜が何度もありました。

ですが、それは誰もが通る「忍耐」の時期です。

僕の場合は、自分の才能が「体系立てて伝える」ことだと確信してから、いろんな試行錯誤をしました。

・ブログを書いて伝える
・コーチングをする
・コミュニティを開く
・セミナーを開催する
・動画学習プログラムを作る
・本を書く
・動画を撮影して投稿する

その中で、うまくいったものもいかなかったものもあります。

特に「才能を活かす技術」がまだ身についていなかった時期は、失敗の連続でした。

自分というヨットの操り方がわかるまでには、訓練が必要です。

海で波風があるのと同じように、社会でも激しい変化があります。

多くの人は少し行動して結果が出なければ「忍耐」をせずに諦めてしまいます。

しかし、本書に沿った「才能を活かすための行動」ができているのであれば、必ず結果は徐々に出てきます。当然うまくいかないことはありますが、それは「才能が活かせないやり方がわかった」というポジティブな経験です。

その経験を積み重ねていくことで、あなたも才能をつかいこなすことができるようになっていきます。

そしてあるとき、ヨットの操り方が身についたときに、風を拾って一気に加速し始めることができるのです。

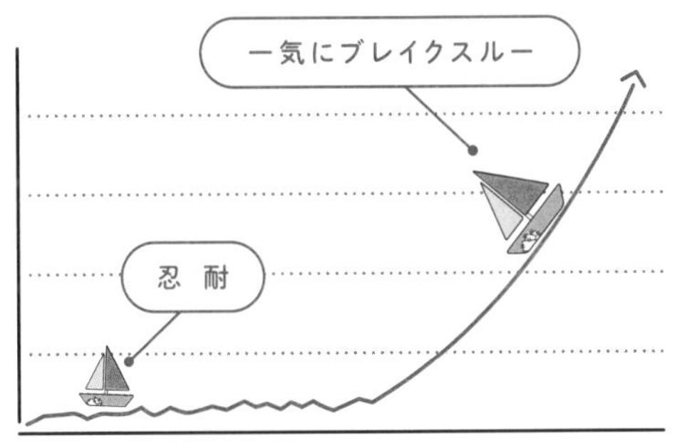

CHAPTER 4

あなたは才能を活かせるように必ずなります。

それは本書で紹介した自分の才能を活かせるようになった多くの人と、紹介しきれていない無数の人たちが証明しています。

他の誰でもないあなただからこそ、輝ける場所が世界にはあります。

あなたの才能を求めている人がいます。

そして、**あなたの才能はあなたに活かされたがっています。**

思いっきり才能を活かす人生を、必ず手に入れましょう。

POINT

忍耐の先に、ブレイクスルーがやってくる

CHAPTER

5

誰も真似のできない強みを手に入れる「才能を育てる技術」

あなたはまだ自分の可能性の10%しかつかっていない

「才能を見つけて、才能を活かす方法もわかった。満足満足……」と思っているそこのあなた！！！

ちょっと待ってください！

まだまだ、あなたの持っている「才能の可能性」はそんなものではありません。面白いのはここからです。才能を適切に育てて「強み」にしたとき、あなたの才能は10倍以上の成果を生み出す「完成系」になるのです。

仕事とは「当たり前」と「ありがとう」の交換

みなさんは、最近どのようなときにお金を払いましたか？

たとえば僕は、最近、引っ越しにお金を払いました。自分で重い荷物を運ぶのは難しく、重い荷物を運んでくれるのがとても「ありがたい」と思いました。

僕は、**「お金」とは「ありがとう」という気持ちが形を変えたもの**だと考えています。

「ありがとう」の語源は「有難し」です。「有難し」とは古語で、「あるのが難しく、めったにない」という意味です。つまり、人にとって「難しく、めったにないこと」をすると、「ありがとう」という気持ちの分だけお金をもらうことができるのです。

そして、「有難し」の「反対の言葉」を知っていますか？

「有難し」の反対の言葉は「当たり前」です。

つまり、自分が「当たり前」にできることで、他者にとっては「有難し」なことをやると、その差が収入になります。

仕事とは「当たり前」と「ありがとう」の交換

「当たり前」にできること

「ありがとう」+お金

たとえば僕の場合は「情報を整理する」ということが「当たり前」にできるので、それを「整理されていて有難い」と思ってくれたあ

なたが本を買ってくれて、収入になっています。

なので、みなさんが収入を増やしたいなら「当たり前につい、やってしまう」才能を見つけて人に貢献しまくればいいのです。

これが理解できれば、**「がんばっているのに収入が増えない」と言っている人は根本の考え方から間違っている**ことがわかるでしょうか？

なぜなら、あなたががんばらなければできないことで、人に「有難い」と思われる可能性はとても低いからです。

「がんばっているのに収入が増えない」ではなく、「がんばっているから収入が増えない」のです。

CHAPTER 5

POINT

「がんばっているのに収入が増えない」ではなく、
「がんばっているから収入が増えない」

「お金」と「才能」の法則

僕は大学時代、お金を稼ぐことってめちゃくちゃ大変だな、と感じていました。

コンビニバイトはこれだけしんどいのに、時給1000円か……。

テレアポの仕事はこんなに苦痛なのに、時給1200円か……。

しかし、自分がブログを書き始めて月収100万円を突破したとき、お金を稼ぐことってとても簡単だな、と感じました。

僕はこの経験から、「お金」と「才能」の法則を理解しました。

・「お金」と「才能」の法則
「つい、やってしまう」才能を活かすほど、
「ありがとう」とセットでお金がもらえる

コンビニバイトは自分にとってしんどいから、そこでは才能を活かせておらず、貢献もできておらず、時給1000円だったのです。

ブログを書くことは自分にとって楽しすぎるから、そこでは「当たり前」にできる才能を活かせていて、たくさんの人に貢献することができ、「ありがとう」と一緒に多くの報酬をもらっていたのです。

このように、あなたが才能を活かせば活かすほど、あなたの収入は増えていきます。

収入が増えるのは個人だけでなく、会社でも同じです。

「強みを重視する教育をしている会社」は、利益が14～29%向上したという研究もあります。それは、社員一人一人が才能を活かせるようになって、会社全体がお客さまから「ありがとう」をもらえる量が増えたからでしょう。

ガンジーは「自分自身を見出す一番の方法は、他者への奉仕に没頭することだ」という言葉を残しています。

この言葉を僕はこのように解釈しています。

「自分の才能をつかえば、他人に貢献して喜んでもらうことができる。反対に才能がないことだと、人から感謝されることは難しい。だから人に感謝されることに集中していると、自分の才能が見つかる」

つまり、あなたが人から感謝され、多くの報酬がもらえることをやるほど、自分の才能にもどんどん気づいていけるのです。

さらに、才能を育てれば育てるほど、あなたは唯一無二の存在になります。そして、どんどん右肩上がりで収入も増えていくことになるのです。

「才能」を「強み」に育てるための4つの技術

さて、ここからあなたの才能にさらに「スキル・知識」を投資して、誰にも真似のできない強みとして磨き上げていく段階に入ります。

CHAPTER2の「ピカチュウなのに、はっぱカッターを練習するな」でお伝えしたように、「自分の才能にマッチしたスキルや知識」を身につけていくことが重要です。

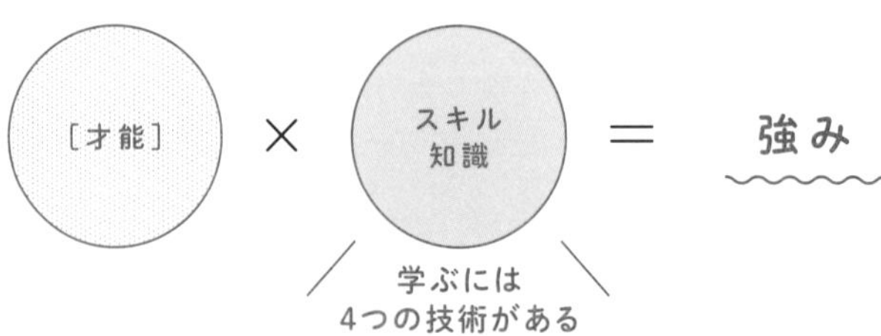

僕は自分の「体系立てて伝える」という才能を「強み」に育てるためにこんなスキルを学んできました。

- **自己理解**
- **本の書き方**
- **ブログ文章術**
- **知識の整理術**
- **動画での喋り方**
- **知識をオンライン講座にする方法**
- **思考を整理するためのマインドマップ術**

ここで学んだのは「才能」を「具体的なアウトプット」につなげるためのスキルです。

僕はこれらのスキルを学んだおかげで、整理したオリジナルのノウハウを、動画･文章･講座として生み出すことができるようになったのです。

これができれば、多くの人から**「あなたに仕事をお願いしたい」と言われる替えの利かない存在**になり、「ありがとう」と感謝され、感謝に応じた大きな収入が得られるようになっていきます。そして、最大限社会の役に立つ生き方を手に入れることができるのです。

そのときにあなたは**「このために自分は生まれてきたんだ」**と腹の底から喜びが溢れてくるのを感じ、自分の生き方を確信すること

CHAPTER 5

になります。

とはいえ、闇雲にスキルや知識を学ぶべきではありません。器用貧乏になってしまうからです。

では、あなたの「才能」を育てて「強み」にするために学ぶスキルや知識をどうやって選べばいいのでしょうか？

それには大きく分けて４つの技術が存在します。

［才能を強みに育てる技術①］

「ロールモデル」を見つける

出会う人に片っ端から「どんなことを勉強すればいいでしょうか？」と聞いても意味がありません。なぜなら、その人が学んだほうがいいと思っていることは「その人の才能を育てる」ために役立ったものだからです。

そうではなく、自分と似た才能を持っていて、強みとして成果を出している人がいればとことん真似しましょう。ぜひ、どんなスキルを学んできたかを聞いてみてください。

「嫉妬」は大切なセンサー。頼りにしてお手本を見つけよう

「じゃあ、どうすれば強みのロールモデルが見つかるの？」

次に気になるのはこの疑問ですよね。

結論をお伝えすると、見ていて**「嫉妬を感じる人」**は自分と近い才能を持っている人なのでロールモデルにしましょう。

なぜかというと、嫉妬を感じるのは、「自分にもできそうなことを先にやられてしまった」「自分にもできそうなのに、今は届かない」という気持ちがあるからです。

「自分が到底かなわない」と感じる相手には、人は嫉妬すらできません。

CHAPTER 5

例えば僕は、すごく情報が整理されている本を読んだときに「これ、めちゃくちゃいい本だ。悔しい……」と嫉妬します。

それは、もう少しで自分にもできそうな気がするからです。

一方で、**「才能が違う人のやっていることは、魔法に見える」**という特徴があります。なぜなら、才能が違う人のやっていることは文字通り、その裏側の「タネも仕掛けもわからない」状態だから。目の前でマジックを見せられているかのような気持ちになります。そんなときは、嫉妬ではなく、拍手を送りたくなってしまいます。

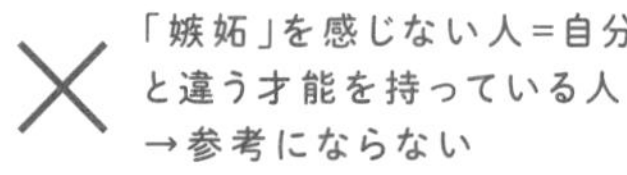

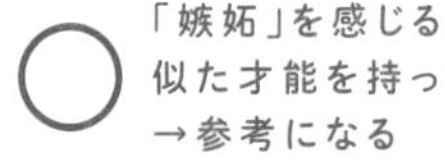

例えば僕は、「チームから意見を引き出して、いつの間にか全体の合意をとって物事を前に進める人」のやっていることは、魔法のように見えます。何をどうやっているのかが全くわからず、自分にできる気がしません。一度がんばって真似してみましたが、うまくできませんでした。

多くの人は、そんな**「魔法のようなもの」を見たときに「憧れ」を感じて目指してしまう**でしょう。ですが、それはここまでお伝えしてきた通り、「自分が持っていないもの」を手に入れようとがんばる自己否定の努力です。

なので、その方向には進まないようにしてください。

自分に近い才能を強みに育てている人が見つかれば、ぜひその人が学んできたスキルや知識をつきとめて、あなたも身につけてみてください。

そうすれば、あなたの才能は驚くべきスピードで育ち、想像もしていなかったような成果が出せるようになっていきます。

強みの「ロールモデル」を見つける質問

・嫉妬心を感じる人は、どんなスキルを持っていますか？

・自分と似ているなと感じる成功者は、
どんなスキルを持っていますか？

POINT

・遠い才能を持つ人のやっていることは、魔法に見える
→ 参考にしない
・近い才能を持つ人には、嫉妬を感じる
→ロールモデルにする

［才能を強みに育てる技術②］

他人に「アドバイス」を求める

先日、チームメンバーのFさんからこんな相談を受けました。

「今後自分はどんなスキルを磨いていくのが良いでしょうか？」

僕は、長年Fさんと働いてきたのでどんな才能を持っているのか知っています。何のスキルを学べばFさんの才能が強みになるかがわかります。

なので、「Fさんは人の気持ちを高めることがうまいから、チーム作りを学んでほしい」と伝えました。

このときに決して、「あなたの短所を指摘してくる人」に話を聞いてはいけません。短所を指摘する人は、短所を直すために必要なスキルをアドバイスしてくるでしょう。

ぜひ、**「あなたの長所を認めてくれている人」にアドバイスを求めてください。**そうすれば、「長所をさらに育てるためのアドバイス」をくれるはずです。

自分に合ったスキルを学べば学ぶほど、あなたの才能は強みとして輝きを増していくのです。

他人に「アドバイス」を求める質問

・あなたが私だったらどんなスキルを身につけますか？

・私にできるようになってほしいと思うことはありますか？

（回答されたことに必要なスキルを身につける）

POINT

× 短所を指摘する人に、学ぶべきことを聞く

○ 長所を見てくれる人に、学ぶべきことを聞く

［才能を強みに育てる技術③］
4タイプの「スキル分類」から選ぶ

とは言っても、「嫉妬する人をすぐに見つけるのが難しい」「アドバイスを求められる人がいない」という方もいるでしょう。そんな方のために、162ページの「才能4タイプ分類表」に才能の動詞の種類に応じて「適したスキル・知識」を4分類で整理しています。

この分類に沿って学ぶスキルを選べば、まず間違いありません。ぜひ活用してみてください！

［才能を強みに育てる技術④］
「好きなこと」を探求する

僕の場合は、自分の「体系立てて伝える」という才能に「自己理解」の知識を学んできました。

それによって、「文章でも動画でも体系立てられた自己理解の知識を届けられる」という僕の強みが出来上がっています。

自画自賛になってしまいますが、この強みに関しては地球上で僕が一番だと確信しています。

才能を与えてくれた両親、才能を活かす環境を与えてくれた方、

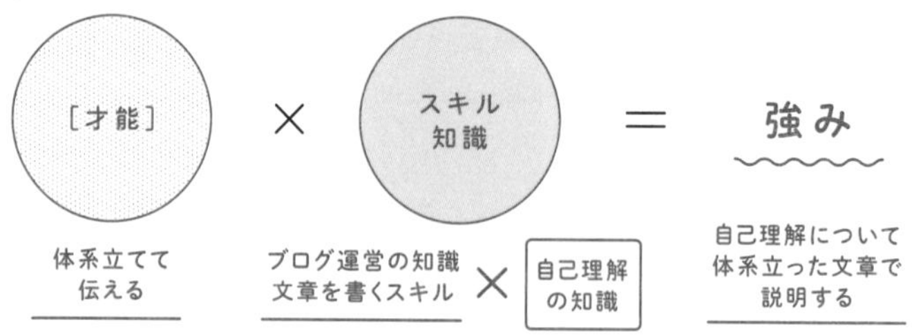

育てる手助けをしてくださった方に本当に感謝しています。だからこそ、**この強みを活かすのが自分の世界における役割だと認識し、この強みで世界に貢献すると決めて生きられている**のです。

本書を読んでくださったみなさんにも、最終的には「この強みは自分が世界でナンバーワン」と言えるようになってほしいと思っています。

そして、それは誰にだって可能です。

好きなことを勉強すれば、誰もあなたに追いつくことはできない

あなたが「好きなこと」を学んでください。好きなこととは「興味が湧くこと」です。

例えば、これらはすべて「興味が湧くこと＝好きなこと」です。

・車に興味がある
・医療に興味がある
・教育に興味がある
・ロボットに興味がある
・デザインに興味がある
・家族関係に興味がある

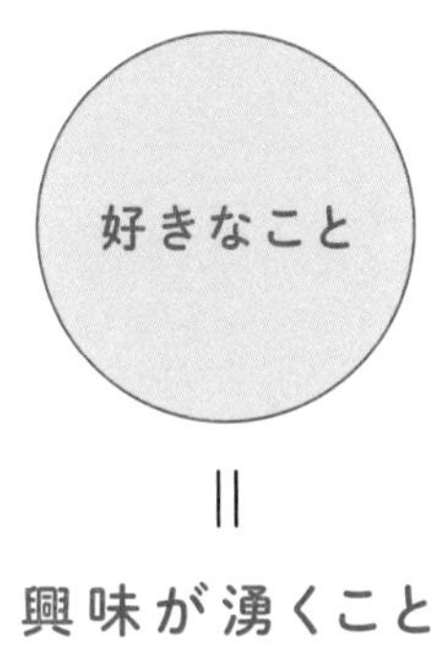

なぜ、好きなことを学ぶのがいいのでしょうか？

それは、「才能」に対して「好きなこと」を掛け算したときに、「強み」として爆発するからです。それが最強です。

才能とは「つい、やってしまうこと」でした。**体が勝手に動いてしまうようなこと**です。

好きなこととは「興味が湧くこと」です。こちらもがんばろうとしなくても勝手に**心が動いてしまうこと**です。

「お金が稼げるからやる」「有名になれそうだからやる」などの外的な欲求とは無縁の、内側から湧いてくる強いエネルギーです。

子供の頃、時間を忘れてゲームに夢中になって、親に怒られた経験がある人もいるでしょう。

「才能」と「好きなこと」を掛け算した強みを活かす仕事をするのは、まさにゲームに夢中になるようなものです。

他の人にとってはがんばらなければいけないことだけれど、あなたにとっては遊びのように楽しいことであり、結果としてどんどん差がついていきます。

才能という「つい、やってしまうこと」を活かせるようになれば、他の人が「がんばる」ことで流れるプールを必死に逆走するのに対して、あなたは流れるプールに背中を押され、スピードアップして進んでいくようになります。

さらに「興味が湧く好きなこと」を掛け算すれば、流れるプールどころか、ウォータースライダーを進むような状態になります。

だからこそ、この2つが掛け算されて「強み」が生まれたとき、それは他の誰も追いつくことができない、圧倒的なものになります。

得意なことで「職種」が決まり、好きなことで「業界」が決まる

「得意なこと（才能）」と「好きなこと」が見つかれば、多くの人にとって関心のある「仕事選び」が一気にラクになります。

前述のように「才能」は「動詞」で表されます。才能が見つかれば、その「つい、やってしまう行動」が長所として活きやすい「職種」が決まります。

「好きなこと」は「名詞」で表されます。好きなことが見つかれば、興味を持てる「業界」が決まります。

なんと、この2つで仕事選びの大きな軸である「職種」と「業界」がある程度絞られてしまうのです。

才能を自覚し、人生が激変したある営業職の女性の話

例えば、「人前で臆せず話す」という才能を持っている女性のEさ

得意なこと(才能)	好きなこと
つい、やってしまうこと	興味が湧くこと
職種を決められる	業界を決められる
動詞で表される	名詞で表される
例:人間観察をする、 リスクを考える、 人の気持ちを考える、 人に話しかける……	例:医療、ロボット、 デザイン、環境、 教育、車、家族関係……

んがいました。ですが、Eさんは「メーカーの法人営業」をやっていて、才能を全く活かせていませんでした。

Eさんは自己理解を通じて、「才能」を自覚し、「服」という好きなことを見つけ、アパレル業界でライブ配信で服を売る仕事を始めました。

なんとその結果、持っていた「才能」と「好きなこと」が「仕事」とマッチし、ライブ配信中に服が飛ぶように売れる人気の発信者になりました。さらには、自分がプロデュースした服まで販売しています。

このように、「才能」に対して「好きなこと」に関連したスキル・知識を掛け算したときに、爆発的な結果がやってくるのです。少しずつ変わるのではなく、一気に変わってしまいます。

それは、他の人にはなかなか真似のできないことです。

Eさんと同じ「人前で臆せず話す」ことが才能でも、「服」が好き

でなければ、同じ成果は出ません。

また、同じように「服」が好きという人でも、「目の前の人の個性に合わせて服を提案する」ことが才能であれば、1対1で服を売るのがよいでしょう。

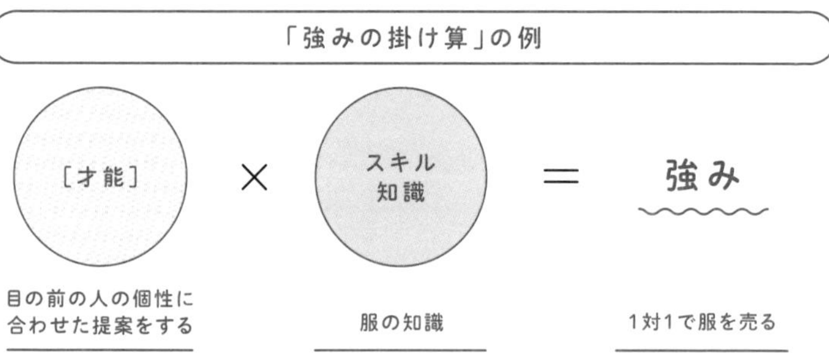

「つい、やってしまう才能」と、「興味が湧く好きなこと」。これをひたすら続けていれば、あなたは替えの利かない存在となり、どこにいってもひっぱりだこになります。

あなたにとって最大限の「貢献」ができるようになり、たくさんの「ありがとう」とともに収入が増えていきます。

そうなったときに、あなたは「あなたにしか埋めることのできない社会での居場所」を手に入れることができるのです。

「好きなこと」を探求する質問

・ワクワクするテーマはなんですか？
・生きてきた中でお礼を言いたい仕事はなんですか？

POINT

体が動いてしまう「得意なこと（才能）」と、心が動いてしまう「好きなこと（興味）」に従えば、圧倒的な強みが生まれる

「才能」を育てる4つの技術

1 「ロールモデル」を見つける
➡嫉妬をセンサーにお手本を見つける

2 他人に「アドバイス」を求める
➡長所を見てくれる人に、学ぶべきことを聞く

3 4タイプの「スキル分類」から選ぶ
➡絶対に無駄にならない学ぶことの選び方

4 「好きなこと」を探求する
➡「才能」に「好きなこと」を掛け算すれば誰も追いつけない

＼ 巻末特典では「才能を育てる100の質問」も紹介しています ／

自分の才能を見つければ、
他者の才能も見つけられるようになる

僕の、後悔している出来事をお話しさせてください。小学校の教室での出来事です。小学5年生のころ、クラスにすごく引っ込み思案で、人前に出るのが苦手な女の子Cさんがいました。Cさんが、国語の授業で当てられて教科書を読むことになりました。けれど、大きな声を出すのが苦手で、なかなか声が出せません。

そうすると、先生がみんなの前で「もっと大きな声を出せるでしょ」と大声で怒り始めました。

けれど、Cさんは大きな声が出せません。

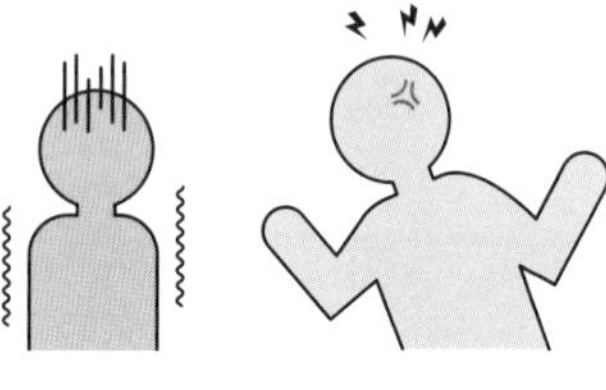

先生は「やればできるでしょ、努力が足りないのよ」というような言い方で、女の子を責め続けます。

僕は、教室の椅子に座ってその光景を見ていて、腹の底から怒りが湧き出てきて拳を握りしめたことを覚えています。

本当は、先生に対して「Cさんの才能を踏み躙（にじ）るな！！！」と言いたかったのです。大きな声を出すのがそんなに苦手なのであれば、無理にできるようにがんばって自信を失う必要なんてありません。それよりも、持っている才能を活かせるようにサポートしたほうが、

自信が持てて、社会でもずっと役立ちます。

けれど、先生に対して当時の僕は何も言えませんでした。

先生の、才能を否定する行為を見逃してしまったことを今も、ずっと後悔しています。

Cさんが大きな声を出せなかったのは、努力が足りないからではありません。**もちろんあなたが今うまくいっていないとしても、努力が足りないからではありません。ただ才能を活かせないことをしているだけ**なのです。

うまくいかないときにやるべきことは、**「もっとがんばること」ではなく「やり方を変えること」**です。

本書をここまで読み、自分の才能を見つけたあなたは、「他人の才能」も見つけられるようになっているはずです。

ぜひあなたには、気づいた才能を、直接その方に伝えてあげてほしいのです。

僕は、本書を読んでくださったあなたから「他者の才能に気づいて伝える活動」が広まることを願っています。

あなたから才能を伝えられた人は、また次の人の才能を伝えてあげるでしょう。そうして、世界中の人が他人の才能に気づいて、伝え合って、すべての人に才能を見つけてもらえたら、本当にこの本を書いて良かったと思えます。

もし、すべての人が自分の才能を見つけたら、どんなに素晴らしい世界になるでしょうか？

POINT

あなたはすでに、他者の才能も見つけられる

あなたの才能は、地球上での役割を教えてくれる

「すべての才能には、かけがえのない役割がある」

これは、僕が信じていることです。

理想論に感じるでしょうか？

いえ、決して非現実的なことではありません。

論理的に導き出される事実です。

僕たちは、これまで生き残ってきた人類の末裔（まつえい）です。

はるか昔、10代までに死んでしまうことが珍しくありませんでした。 そんな中、奇跡的な確率で受け継がれてきた「遺伝子」を僕たちは持っています。

つまり、いま地球上に存在している人間はすべて、熾烈な生存競争の中で「生き残るために必要な遺伝子」を持っているということなのです。

そして、あなたの才能の約50％は遺伝で決まるとお伝えしました。

つまり、あなたがどれだけ、ネガティブだろうと、繊細だろうと、飽きっぽくあろうと、それは生き残るために必要な「才能」なのです。

あなたがやらなければいけないのは、自分の才能を理解し、それをどう役立てていくかを学ぶことです。

決して、他の誰かに憧れて自己否定をして過ごすことではありません。

「才能」はあなたに与えられた地球上での役割を教えてくれます。

才能を見つけ、長所として活かし、強みに育てていくと、あるとき、「世界での自分の役割はこれだ！！！」「自分の居場所はここだ！！！」と気づく瞬間が訪れます。

これは、感覚ではっきりとわかります。

突然、頭の中でカチッと鳴って、それと同時に、「ああ、自分は、これをやるために生まれてきたんだな」とか「これで人に貢献していけるんだな」という感情に、体が包み込まれる瞬間がやってきます。

僕はこれを「才能の役割を自覚した瞬間」と呼んでいます。

不思議なことに、これを一度体験した瞬間から、その後はもう生き方への迷いが消えてしまいます。自信が湧いてきます。

自分の進むべき道がはっきりとわかるようになります。

もう、元の人生に戻ることができなくなります。
もちろんタイミングは人によって違います。本書を読んですぐの人もいれば、10年かかる人もいるでしょう。

ですが、やるべきことはみんな一緒です。

「つい、やってしまう」という体に刻まれた感覚を信じて才能を見つけ、長所として活かし、強みとして育てる。これだけです。
そこに大いに時間を注いでください。
それは、他の誰でもない、あなたにしかできないことなのです。
そのための技術は、本書であますところなくお伝えしました。
あなたが自分に自信を持って生きるために、才能を見つけることが間違いなく役立つことを僕は約束します。

本書をガイドにして、あなたが「才能」を思う存分発揮する毎日を過ごせることを心より願っています。

POINT

「つい、やってしまう」感覚に従えば、すべてがうまくいく

おわりに

「強みを手に入れたあと」に必ずやってくる試練とは

「もう限界だ……」

1年前の僕は、山のような量の仕事に追われて疲れ果てていました。

初めて書いた本がいきなり30万部というベストセラーとなり、一気にお客さまの数が増えて、日々やることに埋もれるようになっていたのです。

「お金を管理しなきゃ」
「次の本を書かなきゃ」
「動画を撮影しなきゃ」
「お客さまの対応をしなきゃ」
「チームメンバーを採用しなきゃ」

常に、このようなたくさんの「しなきゃ」が頭の中をぐるぐると駆け回っていました。

会社の数字は少しずつ伸びているけれど、自分の才能を活かせている実感がなく充実感が得られない……。もがいてもがいて、あらゆる方向に少しずつ前進しているような感覚……。

やりたいことだと思っていた仕事に、押しつぶされそうになって、自分が一番発揮すべき「才能」を活かしきれない状態になってしまっていました。

これはもう自分だけの力では限界だと感じた僕は、「世界一有名な日本人」と言われる「こんまりさん」こと、近藤麻理恵さんをプロデュースした、川原卓巳さんに相談しました。

すると、卓巳さんからこんな質問をされました。

卓巳さん「今やっている仕事の中で一番楽しいこと、つまり八木くんが才能を活かせることって何？」

八木「やっぱり、自己理解について研究することですかね。本を読んだり、書いたり……」

卓巳さん「じゃあ、それ以外を手放しちゃおう」

八木「えっ、そんなことしていいんですか？　会社が回らなくなりませんか？」

卓巳さん「大丈夫。僕も麻理恵さんが一番得意なことに集中できるように、その他を全部手放させてきたから。そうそう、他をすべて手放すと、また一気に成果が出るようになるよ」

この対話を経て、僕は抱えていた数多くの仕事を手放し、周りの人に１つずつ任せていきました。

手放した結果、今では、自分が一番やりたかった「自己理解の研究」に人生の80%以上の時間を割けるようになりました。

そのおかげでみなさんに向けて本を書くこともできています。

さらに、会社の業績もどんどん伸び続けています。

振り返ってみると、僕は世間が求める「経営者らしさ」に自分を近づけようとして、自分が苦手なことまで全部できるようになろうとしていました。

その結果、自分の一番の強みである「自己理解の研究」に時間を割けなくなっていたのです。

これは僕だけに起きる話ではありません。

本書のメソッドを実行すれば、あなたも「自分の強み」で生きられるようになります。

そして、強みを活かせるようになって成果が出ると、あなたの元に多くの依頼が舞い込んでくるようになるでしょう。

そのとき、やってくるのは「あなたが才能を活かせる仕事」だけではありません。

しっかり選別せずに仕事を受けていると、いつの間にか強みを育てる時間が減り、強みを見失い、「あなたの強み」は輝きを失っていってしまいます。

でも、大丈夫です。あなたは一度「自分の才能」を、一生失うことのない言葉にしています。

だからもし、僕と同じようにいっぱいいっぱいになってしまうときがあれば、本書に帰ってきてください。そして、次の質問を思い出してください。

「あなたの才能を一番活かせることは
なんですか？」

八木　仁平

参考文献

『さあ、才能（じぶん）に目覚めよう 新版 ストレングス・ファインダー 2.0』トム・ラス著　日本経済新聞出版社

『苦しかったときの話をしようか ビジネスマンの父が我が子のために書きためた「働くことの本質」』森岡 毅著　ダイヤモンド社

『ストレングス・リーダーシップ〈新装版〉さあ、リーダーの才能に目覚めよう』ギャラップ著　日経 BP 日本経済新聞出版

『最高の成果を生み出す６つのステップ』マーカス・バッキンガム著　日本経済新聞出版社

『脳の配線と才能の偏り――個人の潜在能力を掘り起こす』ゲイル・サルツ著　パンローリング

『ウェルスダイナミクス　一生お金に困らない時間と才能の使い方』宇敷珠美著　扶桑社

『才能を磨く～自分の素質の生かし方、殺し方～』ケン・ロビンソン、ルー・アロニカ著　大和書房

『才能を引き出すエレメントの法則』ケン・ロビンソン、ルー・アロニカ著　祥伝社

『自分の価値を最大にするハーバードの心理学講義』ブライアン・R・リトル著　大和書房

『強みの育て方　「24 の性格」診断であなたの人生を取り戻す』ライアン・ニーミック、ロバート・マクグラス著　WAVE 出版

『平均思考は捨てなさい　出る杭を伸ばす個の科学』トッド・ローズ 著　早川書房

『ハーバードの個性学入門　平均思考は捨てなさい』トッド・ローズ 著　早川書房

『ポジティブ心理学入門 「よい生き方」を科学的に考える方法』クリストファー・ピーターソン著　春秋社

『The Strengths Book : Be Confident, Be Successful, and Enjoy Better Relationships by Realising the Best of You』Alex Linley, Robert Biswas-Diener Drphilos 著　Capp Press

『世界のビジネス書 50 の名著』T・バトラー＝ボードン著　ディスカバー・トゥエンティワン

『プロフェッショナルの条件』P.F. ドラッカー著　ダイヤモンド社

『岩田さん：岩田聡はこんなことを話していた。』ほぼ日刊イトイ新聞編　ほぼ日

参考論文

外向性・内向性の研究：https://link.springer.com/article/10.1007/s10902-018-0037-5

パーソナリティ特性の研究：https://psycnet.apa.org/record/2010-25587-001

パフォーマンスの研究：https://www.sciencedirect.com/science/article/abs/pii/S0022103114001644?via%3Dihub

心理学の研究：https://journals.sagepub.com/doi/abs/10.1177/0963721411402478

決定と修正の研究：https://pubmed.ncbi.nlm.nih.gov/11999920

謝辞

本書は、本当に多くの方の手助けによってみなさんに届けることができました。全員の名前を挙げることはできませんが、特に力になってくださった方へ感謝を伝えます。

編集を担当してくださった尾小山さん、締切ギリギリにもかかわらず表紙のデザインをガラッと変えたいと言ったとき、原稿の締切に何度も遅れてしまったとき、関わる方々を巻き込んでなんとか形になるよう本気で関わっていただき本当にありがとうございました。本がこうして完成したのは、尾小山さんのおかげです。

一番近くで見守ってくれていた妻の匡美。半年以上の長い執筆期間中、ずっと支えてくれたおかげで本を書き上げることができました。本当にありがとう。

何よりも最後に、貴重な人生の時間をつかってここまで本書を読んでくださったあなたへの感謝を。読んでくれる人がいるからこそ、書き上げようと思うことができました。

あなたには、必ず才能を活かして生きられるようになってほしいと願っています。

ただ、多くの人の声が溢れる社会の中、一人で本書を実践するのは簡単なことではありません。そこで、この本をここまで読んでくださった方に向けて、本書の内容を実践できる環境をLINEで用意しました。以下のQRコードから登録して「せか才」とメッセージ

を送ってくださった方だけに、

1. 図解版『世界一やさしい「才能」の見つけ方』117ページ
2. 図解版『世界一やさしい「やりたいこと」の見つけ方』135ページ
3. 「才能マップ」の記入例
4. 「才能マップ」の作成フォーマット
5. 「才能を『見つける→活かす→育てる』300の質問」すべての回答例
6. 「才能4タイプ分類表」の持ち歩きデータ
7. 持ち歩ける！「才能の具体例1000リスト」のスマホデータ版
8. いつでも見られる！「才能を『見つける→活かす→育てる』300の質問」スマホデータ版
9. 本書に掲載しきれなかった才能を活かした人のエピソード集

の9大特典をプレゼントします。

QRコードもしくはスマホでLINEを開いて「@yagijimpei」をID検索して申請してください（@をお忘れなく）。

本書では僕やクライアントの例をたくさん聞いていただいたので、今度はあなたの例をぜひSNSで「#せか才」をつけてご報告ください。

それを楽しみに待っています！

※予告なく終了する可能性があります

あなたが才能を活かせる居場所を見つけられることを、心より願っています。

八木仁平

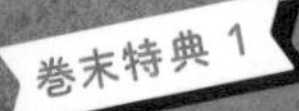

巻末特典1 才能を「見つける→活かす→育てる」

才能を「見つける」
才能を「活かす」
START
才能がわからない
YES
5つの質問に答える ▷P.102
答えた
「才能の具体例1000リスト」から選ぶ ▷P.220
選んだ
3つの切り口で他人に聞く ▷P.119
聞いた
「才能マップ」を3つ作る ▷P.132
作れない
追加で「才能を見つける100の質問」「他人に聞く切り口」に取り組む ▷P.252
作れない
「才能診断」を受ける ▷P.262
才能マップが3つ作れた
才能マップが3つ作れた
才能マップが3つ作れた
「クラフト法」20の質問を実践する ▶P.253
実践した
「環境移動法」20の質問を実践する ▶P.254
実践した
「環境移動法」才能4タイプ分類表を確認する ▶P.162
確認した
「手放し法」20の質問を実践する ▶P.255

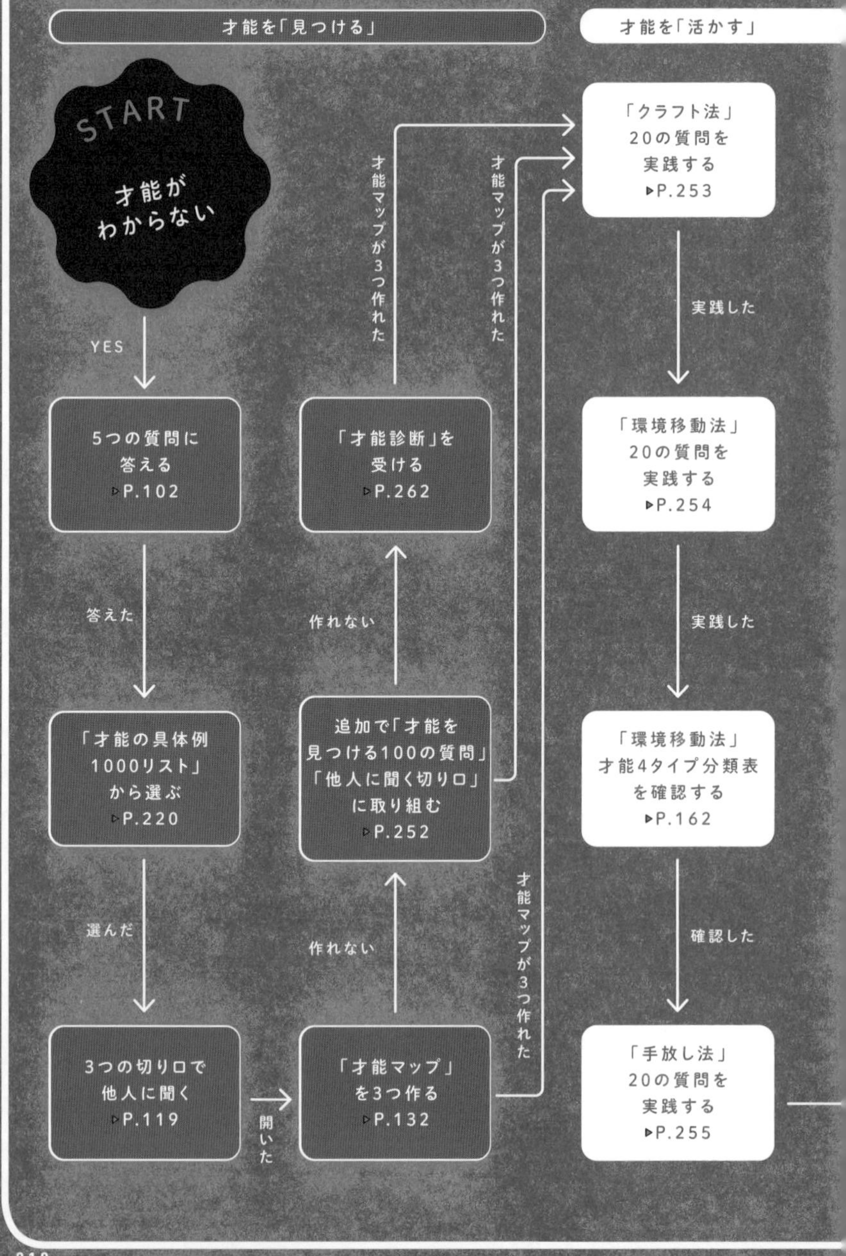

実践ビジュアルフローチャート

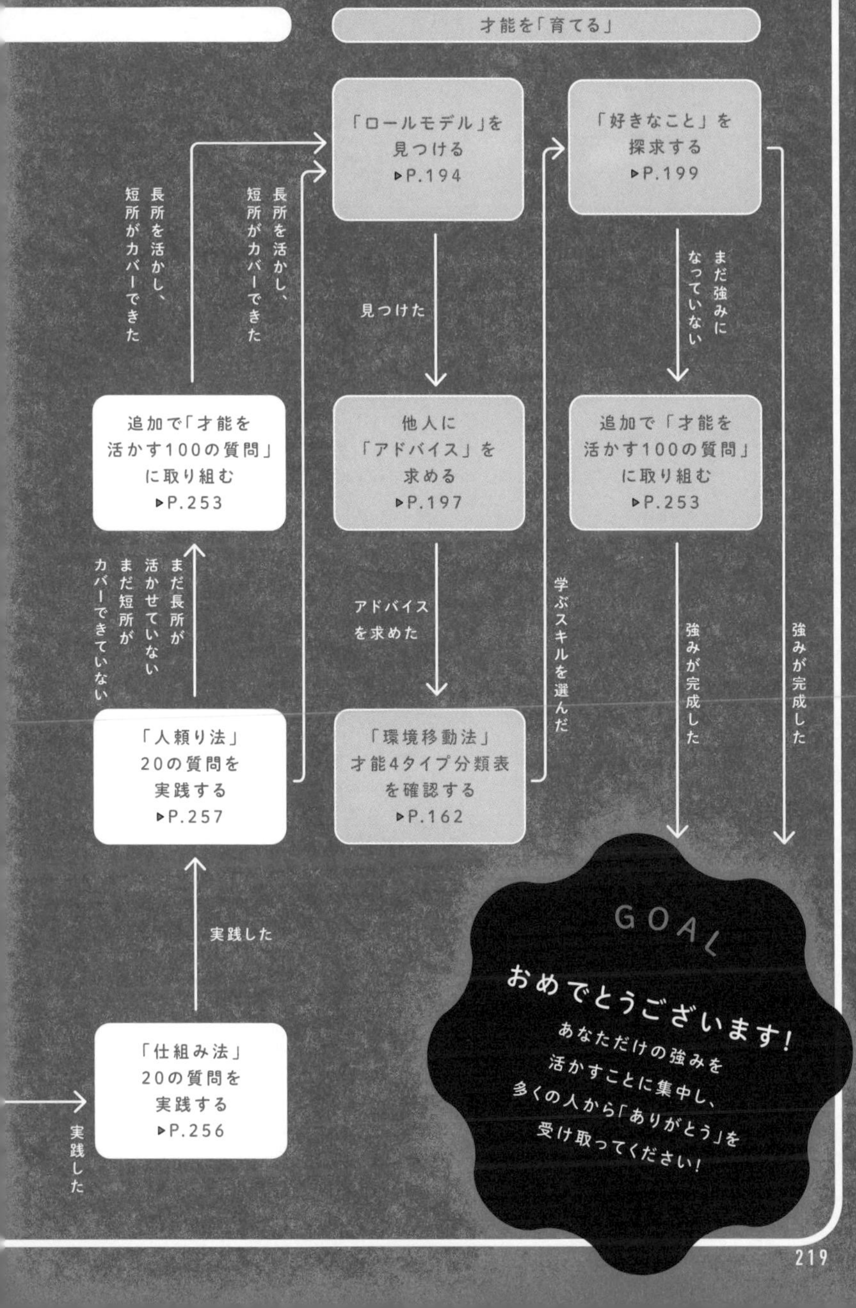
才能を「育てる」
「仕組み法」20の質問を実践する ▶P.256
実践した
「人頼り法」20の質問を実践する ▶P.257
まだ長所が活かせていない まだ短所がカバーできていない
追加で「才能を活かす100の質問」に取り組む ▶P.253
長所を活かし、短所がカバーできた
長所を活かし、短所がカバーできた
「ロールモデル」を見つける ▶P.194
見つけた
他人に「アドバイス」を求める ▶P.197
アドバイスを求めた
「環境移動法」才能4タイプ分類表を確認する ▶P.162
学ぶスキルを選んだ
「好きなこと」を探求する ▶P.199
まだ強みになっていない
追加で「才能を活かす100の質問」に取り組む ▶P.253
強みが完成した
強みが完成した
実践した
GOAL
おめでとうございます!
あなただけの強みを活かすことに集中し、多くの人から「ありがとう」を受け取ってください!

才能の具体例1000リスト

	短所	才能	長所
1	成果よりもケアに注力する	チーム内で問題を抱えている人をケアする	チーム全体を正常な状態に導く
2	自分が認められることを優先する	自分の成果物を相手にアピールする	相手のモチベーションを刺激する
3	会話の進行に集中しない	一を聞いて十を想像する	想像力を働かせてイメージを広げる
4	周囲に気づかいしすぎて自分に意識を向けない	相手をもてなす	相手がリラックスできるよう取り計らう
5	細かい点を気にして前に進まない	細かい部分を修正する	細部にこだわって磨き上げる
6	非現実的な解決策も選択肢に入れる	最悪の事態でも前進できるイメージをもつ	前向きな解決策を想定する
7	人からの頼みを断らない	人から嫌われないように振る舞う	人を魅了する
8	過剰に話を盛る	相手の興味を惹きつける話題を提供する	相手を飽きさせない会話をする
9	形式にこだわりすぎて心を込めない	受けた恩は必ず返す	律儀に人に報いる
10	原点を理解するまで動かない	原点を振り返る	目的に立ち返る
11	必ずしも成果に結びつかない	いち早く行動する	状況を打開する
12	言葉にこだわりすぎる	言葉の間違いを指摘する	質の高い表現をする
13	自分のペースを見失う	相手のペースに合わせる	相手に合わせてペーシングする
14	二極化で物事を考える	白黒をはっきりつけて返答する	あいまいな返事をしない
15	大胆な行動をとらない	とりあえず仮決定で行動に移す	状況に応じて効率の良い方法を模索する
16	相手がどう思うかばかり考える	相手の気持ちを想像する	相手の立場で考える
17	他人の感情に配慮しない	冷静に原因分析を行い対策を練る	感情的に振り回されず冷静に解決策を導き出す
18	決定に至るまでのプロセスの説明を省き理解が得られない	目標達成までの最短ルートを把握する	問題から直ちに最適な方法を見つけ提示する
19	言葉にこだわりすぎる	巧みな言葉を用いて文章表現する	洗練された文章を書く
20	決められた通りに動かない	オリジナルな方法で動く	独自性を突き詰める
21	浅い理解しかしない	好奇心の赴くままに知識を集める	幅広い分野の知識を持つ
22	適性がない場所でも人を頑張らせる	相手の無限の可能性を信じる	粘り強く人を応援し可能性の芽を育てる
23	抽象的視点を見失う	物事を分解して考える	物事の構成要素を把握する
24	失敗が多くチームが疲弊する	議論よりも行動を優先する	実行のスピードを上げる
25	達成ばかりにこだわる	何事もやり切る	何があっても物事を遂行する
26	器用貧乏になる	戦略をもとに効率的に物事をこなす	何でも器用にこなす
27	計算高い	相手の表情や態度によって対応を変える	非言語情報から相手の状況を把握する
28	減らず口を叩く	相手の意見に対して別の意見を述べる	自分の行動理由を相手に伝える
29	あら探しをしていると誤解される	間違いに気づいて指摘する	必要な部分を修正する
30	重要ではない情報を軽視する	多くの情報から重要な内容に注目する	重要な情報を抽出する
31	行動の選択肢を広げない	真面目に物事と向き合う	道理から外れずに行動する
32	お人好しだと思われる	些細なことでも感謝をする	謙虚さを保つ
33	整理を優先させ肝心なことを進めない	身の回りの環境を整備する	集中して取り組む環境づくりをする
34	失敗が目立つ	大勢の聴衆の前でスピーチする	スポットライトのあたる場で役割を全うする
35	変化が激しい	柔軟に仕事を進める	従来通りのやり方にこだわらず違う方法も試す

	短所	才能	長所
36	具体性に欠ける	物事の全体像を把握する	ホリスティックな視点で本質を見抜く
37	未来ばかり思い描く	ありたい未来を明確にする	自分のビジョンをモチベーションにする
38	本人の意向をないがしろにする	希望者に適切な協力者を探して紹介する	新しい協調関係を見つけ出す
39	一気に相手との距離を縮めようとする	相手に気軽に話しかける	相手の警戒心を解く
40	時間とお金をかけたことに満足し実践に活かさない	お金や時間を学びに費やす	自身の知識習得に専念する
41	すべてが平均的にしか進まない	一度に複数のタスクをこなす	全体の効率を上げる
42	神経質になる	細かい間違いに気づく	質の高いものを作る
43	身内をひいきする	仕事仲間も家族のように大切にする	アットホームな関係性を築く
44	現実逃避する	想像力を働かせてより良い未来を描く	自分の気分を盛り上げる
45	自分で考えない	遠慮せず人に何でも聞く	簡単に必要な情報を手に入れる
46	リアクションが薄く何を考えているのかわからないと思われる	じっと相手の話に耳を傾ける	相手の考えを真摯に理解する
47	周囲の気持ちを考慮せず勝手に輪に入れる	仲間はずれの人にすぐ気づいて輪に入れる	相手の疎外感を和らげる
48	成長していないと勘違いされる	久しぶりに会った人に変わらない態度で接する	安定した関係を構築する
49	仲間に負担をかける	問題解決のリーダーシップをとる	仲間と協力して問題を解決する
50	恐れを知らない人だと怖がられる	チャレンジ精神をもって精力的に活動する	経験を宝に変えていく
51	言葉に固執しすぎて視野が狭くなる	言葉の間違いに気づいて修正する	より良い未来を伝える
52	ルールを守っていない人を責める	正義感を強く持って物事に取り組む	ルールにしたがって正しく物事を遂行する
53	一点集中しない	ジャンルの違う複数の仕事を捌く	同時進行で効率よく物事を進める
54	失敗を回避する意識が弱い	失敗から学ぶ	すべての経験を学びに変える
55	情報過多で疲れる	人が気にしないようなことに気づく	微細な変化を感覚的に感じとる
56	胡散臭く感じられる	巧みな表現技法を用いて話す	人々の記憶に残るインパクトのある話をする
57	質問の回答から脱線していることに気づかない	相手の質問にていねいに答える	相手に納得感を与える
58	自分を犠牲にする	献身的にサポートする	見返りを求めずに行動する
59	相手の向上心を高めようとしない	その人が生きてきた過去の出来事をすべて受容する	人に深い安らぎを与える
60	工夫に相当な時間を費やす	相手に伝わりやすいよう工夫を凝らす	情報を整理して体系立てて説明する
61	人と違うことに固執する	まったく新しい案を提案する	停滞した状況を打破する
62	気楽に考えない	できるだけ早く課題を見つける	早期に改善点に着手し悪化を防ぐ
63	心配しすぎて気が休まらない	さまざまな解決ルートで起こり得るリスクを洗いだす	事前に問題が起きそうなルートを省く
64	トラブルの解決に時間をかけすぎる	1つ残らずトラブルを解決する	トラブルに尻込みせず真正面から取り組む
65	自分を変える努力を放棄する	自分には変えられない運命があると思う	どんなことでもいずれは受容する
66	マイナス部分を見て見ぬふりをする	物事を肯定的にとらえる	物事のプラスの部分に気づく
67	暇そうに見られる	スケジュールに余裕を持たせる	突発的な予定にも対応する
68	リスクを軽視する	前例がないことに挑戦する	オンリーワンを目指す
69	優秀な人とだけしか仕事をしない	優秀な仲間を集める	優れているチームを作る
70	教えるためだけに学ぶ	学んだことを惜しみなく人々に伝達する	自分の知識を惜しみなく周囲に還元する

	短所	才能	長所
71	誰にでもできる仕事に関心をもたない	自分で仕事を作り出す	これまでにない職業を生み出す
72	方針から大きく逸れたときに修正しづらい	長期的な方向性を明確に伝える	ブレずに方針を打ち出す
73	本来の目的を見失う	認めてもらうために努力する	承認欲求を活用し前向きに取り組む
74	変化がないと飽きる	次から次へと変化させる	変化を楽しむ
75	空気を読まず行動する	自分の考えをもとに行動する	一人で主体的に行動する
76	自己開示までに慎重に時間をかける	自分の話より相手の話を優先して聞く	相手の話を優先して引き出す
77	話さなくてもよいことまで話す	自分の心の内について話す	相手との距離をさらに縮めて親しくなる
78	今までの学びを大切にしない	新しい情報を取り入れる	知見を増やす
79	目の前のチャンスを逃す	決断に時間をかける	納得感をもって行動する
80	周囲の人の感情を理解しようとしすぎて疲れる	チーム内にいる人々の感情を一挙に察知しようとする	チームの空気感を調和へと導く
81	言い方がキツく相手を萎縮させる	わからないことはわからないとはっきり言う	明確な答えを得る
82	何事にも特化しない	物事をすべて平均的にこなす	一定のクオリティを保った結果を出す
83	フラットな視点で考えない	ポジティブな情報を探す	他者に希望を与える
84	自分の力だけでモチベーションを高められない	人の成長を糧にする	人の成長をモチベーションにして行動を加速する
85	振り返りに時間をかけて今を味わわない	一日の行動を振り返りやり残しの有無を確認する	翌日以降の行動のクオリティを上げる
86	勝ち負けにこだわる	楽しみながら勝つための工夫をする	ゲーム感覚で取り組む
87	人と同じになるのを避ける	自分の個性を表現する	人との差別化を図る
88	他人の称賛の有無で気分が左右される	感謝されるよう意識して動く	相手のために精力的に行動する
89	無理なスケジュール設計をする	昼夜を問わず成果を上げるために時間を使う	ハングリー精神をもって動く
90	科学的根拠に欠ける	自分なりの根拠をもってアドバイスをする	相手に納得感を与える
91	自分事なのに他人事のように感じる	物事を俯瞰で見る	冷静に物事を観察する
92	混沌とした状況下ではパフォーマンスが下がる	予定の整理をする	計画を把握する
93	時に相手にプレッシャーを与える	言葉で人にやる気や勇気を与える	言葉で人の背中を押す
94	無表情になる	議論時に複雑な問題を整理しようと思案する	複雑な状況を解決する道筋を描く
95	余計なことまで指摘する	仲の良い人には言いづらいことも伝える	相手との関係性をより深める
96	心境が変化しても整合性にとらわれる	言行一致を図る	言葉と行動に一貫性をもたせる
97	質より量を重視する	チェックリストを作りたくさんのことに取り組む	数をこなす
98	感情の起伏が激しく周囲が戸惑う	メディアの情報を見聞きするとすぐに泣く	細やかに感情移入する
99	共同作業を避ける	独立心をもって行動する	一人でも物事を成し遂げる
100	使われないかもしれない情報の収集に多大な時間を割く	相手が困っているときに必要な情報を集めて送る	相手に必要な情報を収集し選別して伝える
101	他人に言われるがままになる	一人一人の個性を受け入れながら仲良くする	どんなタイプの人も受容する
102	どの案を採用すればいいか迷い続ける	複数の対応策を考える	いきあたりばったりにせず確実に進める
103	周囲を焦らせる	予定より早く仕事を終わらせる	予定より迅速に物事を終わらせる
104	保守的な人から拒絶される	前例のない提案をする	革新的なプランを出す
105	会話そのものに集中しない	他者の発言の裏を読み取る	他者の思想を参考にする

	短所	才能	長所
106	面倒だと思われる	相手に考えるきっかけを与える	相手の思考力を高める
107	他の可能性を検討しない	物事を即決する	最速で答えを出す
108	的確なものを見定めるまで時間をかけすぎる	あらゆる可能性を考える	物事を多角的視点でとらえる
109	他の人の意を酌まない	みんなで一緒に取り組むよう声かけする	全員で協力し合う場所を作る
110	均衡を重視しすぎる	全体のバランスを意識して進める	物事を標準化する
111	ルールが決まっていないと混乱する	仕事のルールを守る	ルールにしたがって正確に仕事を行う
112	不得意なことに向き合わない	得意なことに対して腕を磨く	より専門性を高める
113	油断すると詰問口調になる	相手の話に興味をもって傾聴と質問を繰り返す	相手との対話を活性化し関係を深める
114	オリジナルのやり方にこだわる	独自のやり方で工夫する	独自のやり方で高い成果を上げる
115	うまくいかない場合の対応を考えない	大胆な行動をとる	周囲に新鮮な刺激を与える
116	安定性に欠ける	新しいことに挑戦する	視野を広げる
117	あいまいな答えを許容しない	正確な答えを導きだす	正確性のある結論を導きだす
118	問いかけがないとアイデアが出ない	人からの問いかけにどんどんアイデアが浮かぶ	問いに触発され新たなアイデアを出す
119	観察しすぎて怪しまれる	人を観察する	新たな洞察を得る
120	例外の対応をしない	すべてに等しく物を与える	差別や区別をせずに接する
121	限界を超えてまで無茶な努力をする	一番を目指して努力する	どこまでもまっすぐに突き進む
122	人を優劣で区別する	1位を目指す	勝つために努力する
123	相談に乗る度に感情移入しすぎて疲れる	感情に寄り添いながら相談役に徹する	周囲の人から信頼を得る
124	縁を大事にしない人との付き合いを避ける	出会いを必然ととらえる	一期一会を大切にする
125	相手が心理的距離を感じる	人を公平に扱う	特別扱いせず平等に接する
126	優秀さで人を判断する	人と競う	優位性を証明する
127	形式的で息苦しい	人に礼儀を尽くす	礼儀正しく振る舞う
128	冗談が通じない	どんな会話も分析する	感情に流されず冷静に対処する
129	周りを混乱させる	規則に固執せず自由に考える	柔軟に考える
130	周囲に目が向かず孤立する	物事を深く考える	深みのある答えを導く
131	自分より周りを優先させる	チームの衝突を避ける	チームの円滑化を図る
132	相手を必要以上に監視する	相手がどこまで進んでいるかを定期的に確認する	チームの進捗を管理する
133	最終的な結果や目標を無視する	手順を一律にこなす	決まり事を遵守する
134	相手に期待しすぎる	ある職業に才能があることを惜しみなく伝える	相手の可能性を広げ前進へと導く
135	苦手な人に対しても我慢を続ける	ご縁を大切にする	人間関係を維持する
136	予測不可能な案件に対応しない	わからないことを事前に調べる	入念に心の準備をする
137	相乗効果を狙いすぎて自ら負担を増やす	先々の成果を生み出すことを想定して創作する	あますところなく成果を提供する
138	把握するまで行動に移さない	物事の全貌を把握しようとする	納得感をもって行動する
139	自分が何を話しているかわからなくなる	次に何を話すか考えながら話す	違和感なく次の話題につなげる
140	過去からの流れを理解するまで動かない	今に至った経緯を調べる	物事の背景を洞察に活かす

	短所	才能	長所
141	抽出に至るまで吟味に時間をかけすぎる	収集した情報から信憑性の高い情報を抽出する	正確性の高い情報の整理をする
142	前を向かない	過去の出来事を振り返りながら向き合う	振り返りにより理解を深める
143	相手が望んでいないのに気軽に競争を始める	ゲーム感覚で物事を進める	勝利へのパフォーマンスを上げる
144	率直すぎて衝突を生む	率直な意見を伝える	自分の気持ちを正直に表現する
145	具体策が見えていない	アイデアを組み立てて目的を説明する	独自のアイデアを出す
146	人を選んで付き合う	自分を高め合う人たちとつながり目標達成に向かう	最高の仲間たちと最善の仕事をする
147	不本意な出来事が起きると立て直しが困難になる	長期的な人生設計をする	人生の予測を立てて準備する
148	回りくどく話す	概念を説明した後に具体的な話をする	抽象を具体へと明確化する
149	続ける必要がなくなっても続ける	習慣を作る	継続するために仕組みを作る
150	目の前にある優先事項をおろそかにする	周囲が学んでいるのを見て自分も学び始める	周囲に触発されて新しく知識を増やす
151	自分もネガティブな気持ちになる	悲しんでいる人の気持ちを察する	相手の悲しみに共感する
152	負けるとこれまでのプロセスがすべて無意味に感じる	長い目で見た勝つための戦略を練る	長期的視点も視野に入れつつ勝利する
153	新鮮味に欠ける	定位置に物を置く	身の回りを整理し快適性を保つ
154	過去の教訓を活かさない	未来から逆算して行動する	未来を想像しながら効率的に動く
155	平均点では満足しない	平均点以上を目指す	最高点を目指して行動する
156	心に負担をかける	忍耐強く取り組む	ネガティブな感情を制御する
157	自分を責めるだけで具体策に至らない	寝る前に一日を振り返り反省する	翌日以降の改善につなげる
158	結果ばかり追いかける	成果を出すため粘り強く取り組む	目標を達成するまで諦めずに取り組む
159	人の個性に合わせた対応をしない	誰にでも同じ態度をとる	人の都合に流されずに対応する
160	生産性があることにしか取り組まない	無駄を省いて生み出した時間を別の目標達成に使う	時間の効率化を図る
161	長所を伸ばさない	短所にフォーカスする	短所を修正する
162	あえて一人になりたい人のことまで気にかける	孤独感に陥っている人に気づく	相手の孤独感を緩和する
163	人のことばかりで自分の問題を解決しない	相手の悩みに親身になって相談に乗る	相手の悩みの解決に協力する
164	優先順位をつけない	とりあえずで行動する	今にフォーカスして対応する
165	効率性に欠ける	スケジュールを立てずに行動する	そのときの気分を大切にする
166	必ずしも効率的に成果が出るとは限らない	複数の道筋を見つけ出す	成果が出るまで多数の方法を試す
167	他人に自分の価値観を押しつける	譲れない価値観を持って行動する	プライドを持って取り組む
168	自己中心的に振る舞う	自分の夢の実現に集中する	希望を叶えるための環境を作る
169	ファイルで空間を占拠する	集めた知識をファイリングする	情報を容易に探し出す仕組みを構築する
170	自己肯定感が低い	自分にダメ出しをする	自分をより良い状態へと回復に導く
171	何でも自分のせいにする	自分に問題がある部分の原因を探る	自分の問題点の根本原因を明らかにする
172	その場で話すだけの浅い関係で終わる	会話から共通の話題を見つける	すぐに他人と打ち解ける
173	浅い考えで着手する	初めてのことにも物怖じせず取り組む	経験から多くの学びを得る
174	どうでもよいことまでも考え続ける	物事をうやむやにせず結論にたどり着くまで考え抜く	整合性のある考えを醸成する
175	良い行いを他人に気づかれない	注目を避けて行動する	のびのびと自由に振る舞う

	短所	才能	長所
176	平等を重視し達成を遅らせる	チームに平等な対応をするよう調整する	チームの全体性を考慮した対応をする
177	データにこだわる	データを出して成果の状態を把握する	成果が目に見えるように可視化する
178	全員の足並みを揃えるまでに時間を要する	各々が話しやすい場を作る	全員の考えを尊重する
179	ディスカッションを複雑にする	さまざまな視点から発言する	周りの人の思考を深める
180	何もしないことに耐えられない	効率よく物事を進める	数をこなせるように工夫する
181	十分な練習時間を取らない	クオリティを上げるために即本番に挑む	練習ではなく本番を増やす
182	問題の全貌を明らかにするための情報収集に追われる	前例のない問題を解決する	希少な解決事例をつくり出す
183	人がしている苦労に対して「自分ほどではない」と軽視する	どんなことでも乗り越えられると確信する	逆境に立ち向かう
184	自分の役割範囲外のことに関心がなくなる	役割を遂行する	自分の責任がおよぶ範囲の物事に集中する
185	争いや対立を極度に避ける	すべては1つ（ワンネス）だと理解しながら行動する	どんなことでも受け入れる
186	相手に完全性を求める	漏れや抜けなく完了する方法を助言する	相手のゴール達成をサポートする
187	他のより良い方法がある可能性に気づかない	同じ行動を毎日一定数とる	スキルをコツコツと磨き上げる
188	気がつくと燃え尽きている	1つのことに夢中になって取り組む	物事を完了する
189	問題ではないことまで追及する	逃げずに真正面から問題と向き合う	状況を打破する
190	人を信用しない	人の嘘に気づく	真実を見抜く
191	確認に手間をかけすぎる	慎重に物事を確認する	ミスを最小限に留める
192	理解が遅い人にスピードを合わせない	テンポ良く話す	人を引きつける会話をする
193	原因を追及しすぎて自分を責める	人間関係のネガティブな悩みを自分事として考える	人のせいにせず改善を図る
194	相手にプレッシャーを与える	率直な気持ちを伝えるよう相手に求める	議論のクオリティを上げる
195	スケジュールを意識しすぎて心の余裕を持たない	先々の進捗を考慮してスケジュールを組む	計画的に動く
196	実践に活かさない	セミナーや講座に積極的に参加する	知識を体系的に学ぶ
197	根拠のない決断をする	その場のフィーリングで決める	ノリが良い
198	検索した情報の信憑性を精査しない	知りたい情報をピンポイントで検索する	学習効率を高めながらさらに新しい知識を得る
199	無駄な行動をしていても気づかない	行動することに意義があると考える	一定の成果を上げる
200	生きることの真剣さに欠ける	悩みがあっても「それも運命」と割り切る	どんな出来事も割り切る
201	しなくてもいい失敗をする	新しいことを始める	経験から新鮮な学びを得る
202	無駄なことから学ばない	効率を意識した行動をとる	無駄のない行動をとる
203	むやみに集めすぎて宝の持ち腐れになる	興味のある情報を片っ端から集める	豊富な情報を提供する
204	打算で行動する	目に見える成果が出るよう工夫する	行動を功績につなげる
205	選んだものを手に入れることに時間がかかる	相手の趣味嗜好に合わせたものを選ぶ	相手のことを十分に把握し喜ばせる
206	不確実な表現をする	全体像を相手に説明する	具体的な出来事を抽象化して伝える
207	徹底的にサポートしすぎて疲弊する	親身になり全力でサポートする	どこまでも相手に寄り添い最善を尽くす
208	人の顔と名前が一致しない	多数のコミュニティに属する	人脈を広げる
209	実力以上のことにチャレンジしようと考える	未来の可能性の幅を無限に広げる	今の自分から考えずに大きな理想を描く
210	方法論ばかり考える	他に良い方法はないか検討する	新しい可能性に気づく

	短所	才能	長所
211	秩序を保たない	常識の枠を超えて行動する	既存のやり方に固執せず柔軟に対応する
212	グループが大人数になり運営が困難になる	全員で楽しめる企画を考える	さまざまな人と触れ合う場を提供する
213	終わらせることが目的になる	始めたことを終わらせる	始めたことは責任をもって完了する
214	相手の自由意思を奪う	ルールをきちんと守るよう相手に伝える	組織にとって安全に物事を進める
215	根本的な解決に取り組まない	長所に着目して伸ばす	弱点を補完する
216	人の頼みを断らない	責任を持って行動する	人からの信頼を得る
217	利害ばかり重視するチームが形成される	チームのために勝利する方法を伝える	勝利を目指すためにリーダーシップを取る
218	標準より進捗が遅れる	1つ1つの工程にこだわりを持って取り組む	ていねいに取り組む
219	相手の重荷になる	相手を大切にしたい思いをオープンに伝える	深い人間関係の基盤を構築する
220	不本意でも仕方なく続ける	決まった行動を一定期間繰り返す	律儀に行動する
221	思考にまとまりがつかず混乱する	いくつも解決方法を挙げる	複数のルートから解決策を検討する
222	話にまとまりを持たせない	そのときの思いつきで話す	話しながら話をまとめる
223	人からの指図に反発する	主導権を握り明確に指示する	的確な指示を出す
224	図々しい	気軽にパーソナルな話をする	相手の自然な自己開示をサポートする
225	実現までの方法論に至らない	自分の未来が明るいことを信じる	未来の実現に自信を持つ
226	目標達成に関連のないことをおろそかにする	目標達成に向けリーダーシップをとる	チームの目標達成を円滑に進める
227	怪しすぎて警戒される	エネルギーや時空など目に見えないものを重視する	あらゆるものを統合して考える
228	過度に話を脚色する	印象に残る話をする	相手の関心を惹きつける
229	問題の多い人に惹かれる	人が抱えている多くの問題を解決する	問題のない状態に人を導く
230	思考に時間をかける	物事をジャンル別に分類して整理する	物事の構成を的確にとらえる
231	自分をおろそかに扱う	チームにいる人をまんべんなく励ます	チーム全体を支える
232	相手に付け入る隙を与える	相手を受容する	相手を愛し慈しむ
233	突発的で周囲が困惑する	誰も思いつかないアイデアを出す	斬新な提案をする
234	自分勝手なこだわりで頑固になる	自身に確固たるこだわりを持つ	揺るぎないプライドを持つ
235	精神的に自分を追い込む	あえて困難な状況に取り組む	崇高な目的を果たそうと自分を磨く
236	独りよがりで安直な発言をする	相手がポジティブになれるよう全力で励ます	相手を心から応援する
237	物事に関わる人々の感情を軽視する	データから筋道を立てて考える	論理的に思考する
238	適度な休息をとるのを忘れる	貪欲に知識を習得する	知識を蓄える
239	負ける要因に目を向けない	勝因を分析する	勝ちパターンをつかむ
240	深読みしすぎる	相手の発言の意図を考える	相手の真意を理解する
241	成果よりも正しさを優先する	物事の筋を通す	倫理観や道徳観をもって行動する
242	合わないと思ったら誰とも話さない	気が合うと思ったら積極的に声をかける	気の合う人を感覚的に見つける
243	不要な知識まで伝える	得た知識を他者に伝える	他者の見識を深める手助けをする
244	本題に入らない	アイスブレイクで会話を盛り上げる	緊張を解きほぐす
245	すべてを無理矢理つなげようとする	これまでの経験すべてに無駄はないと考える	物事の視座を高めて受容する

	短所	才能	長所
246	嫌なことには取り組まない	楽しさを優先して行動する	快適性を追求する
247	不測の事態に備えない	制限なく明るい未来を考える	可能性の枠を広げて考える
248	ささいなことで傷つく	相手の言葉や態度に敏感に反応する	相手の真意を察知する
249	全員の納得感を醸成するまで時間をかける	全員が納得するよう意見を取りまとめる	全員の意見の良い部分を集約する
250	定量結果で人の優劣を判断する	定量で結果を把握する	定量結果をもとに生産性を高める
251	困っていない人にまで声をかける	困っていそうな人をすぐに発見する	周囲を観察し早期にサポートする
252	過去ばかり振り返る	物事が作られた動機や意図を理解する	計画の原形を把握する
253	苦手を克服しようとしない	自分が得意なことを発見する	自分が得意なことにエネルギーを集中させる
254	現状に満足しすぎて成長しない	生きていることに感謝する	謙虚さをもって意義を見いだす
255	ずさんな計画を立てる	締切にギリギリ間に合わせる	短期間で集中して取り組む
256	余白を作らない	長期的な計画をもとに日課を決めて実践する	未来の理想に向かうため計画を立てて行動する
257	時間がかかりすぎる	より完璧を目指す	より完成形に近づく
258	周囲の輪から外れていても気づかない	一人で考えを深めることに没頭する	思考に意識を集中する
259	頼みを断れずに背負う	軽快に依頼に応える	頼まれたことをやりきる
260	相手を出し抜く	相手の優位な部分に気づく	優位さを取り入れさらに実力を磨く
261	相手のプライベートにまで勝手に入り込む	仕事と関係ない部分の成長も支援する	人生全般における人間的な成長を支援する
262	発言に一貫性がない	状況によってまったく異なる考え方をする	ケースバイケースで柔軟に対応する
263	堪え性がない	すぐに行動欲求を満たす	物事を迅速に進める
264	わからないことがあっても知ったかぶりをする	知的な会話をする	幅広く知識を活用しさらに学びを深める
265	なかなか取り掛からない	事前にリスクを察知する	スムーズに物事を進める
266	合理的な判断をしない	感情を考慮して判断する	人の感情を大切に扱う
267	悩みを相談されても的外れなアドバイスをする	人が苦しい状況でも良い部分を見つける	人を前向きな気持ちにする
268	予期しないことが起きても方向転換しない	やると決めたら成果を出すまで努力する	自分が決めたことを忠実に守る
269	能力差により大きな役割を担う人がでる	チームの役割を平等に分担する	チームの負担を分散する
270	暑苦しい人だと敬遠される	迷ってる人を全力で後押しする	相手を鼓舞する
271	人を支配しようとする	対立を恐れず意見を強く主張する	自分の意図通りに他人を動かす
272	先の予定が確認できないと不安になる	先のスケジュールを見越して前倒しで準備する	長期的視点で物事を把握し対応する
273	他者を信用しない	自分のやり方が正しいと思う	信念をもって行動する
274	赤裸々に自分の思いを吐露する	相手と率直にコミュニケーションを図る	相手と深くわかり合う
275	過去の経験しか基準にしない	繰り返し過去から学ぶ	再現性を高める
276	後悔や反省が多い	どんなことにもチャレンジする	新たな可能性を展開し続ける
277	構成の把握に時間をかけすぎる	どのような要素で構成されているかを考える	物事をわかりやすく整理して理解する
278	自分の意見を置き去りにする	周りの意見を把握し配慮する	地に足のついた現実的な方法で物事を進める
279	生きることに真剣に取り組まない	1つ1つの物事に執着せず乗り越える	長期的視点で考える
280	相手の考えを自分の枠に当てはめて決めつける	相手の言動でなく仕草からも真意を酌み取る	相手が何を感じているかを直感的に見抜く

	短所	才能	長所
281	理想に近づくのが遅くなる	ハードルを下げて取り組む	できることから確実に物事を進める
282	オーダーメイドの対応をしすぎて時間が足りなくなる	個々に必要なサービスを提供するために人を観察する	一人一人に合わせたきめ細かな対応をする
283	性格そのものを改善しようとして徒労に終わる	自分の欠点を直す努力をする	自己成長を図る
284	一人でいたい人の気持ちを酌まずに声をかける	輪の外にいる人に声をかけ仲間にする	効率的に仲間の人数を増やす
285	大変なときも大変だと思われない	苦労を乗り越えた体験をポジティブに語る	希望を与える
286	自分の気持ちもわかってほしいとモヤモヤする	相手のネガティブ感情に気づいて受容する	相手の気持ちに寄り添う
287	打たれ弱い	ネガティブなフィードバックを何度も思い出す	指摘をもとに弱点を改善する
288	達成するまで休まない	達成のために集中する	不要なことを切り捨てる
289	ナイーブなこと	乱れた空気を問題だと感じる	場を安定した状態に導く
290	答えをすぐに出さない	物事を反芻する	過去の出来事から新たな学びを得る
291	無理やりポジティブに考える	物事の負の部分も受け入れる	清濁併せ吞む覚悟をもつ
292	場を乱す行動をとる人と距離を置く	意見の対立を避ける	空気感を大切にする
293	ワーカホリックになる	生産性を意識して取り組む	時間を無駄にせず有効活用する
294	基準がないと動かない	明確な基準を求める	指標をもとに動く
295	リスク管理が不十分になる	「生きてさえいればなんとかなる」と考える	楽観的に生きる
296	相手の理解力を考慮せず難しい言葉を使う	さまざまな言葉を用いて表現する	ボキャブラリーを最大限に活用する
297	準備不足で失敗する	前例がないことにチャレンジする	自己効力感を上げる
298	自分の正義感だけで物事を進める	正しいと思ったことを信じて行動する	正しい方向に向かう
299	ルールにしたがい厳しく管理する	物事が正しく行われているか確認する	正常に物事が運ぶよう手助けをする
300	省略しすぎる	要約して伝える	ポイントを明確に伝える
301	未来の失敗に怯える	他人の失敗を自分事としてとらえる	他人の気持ちを推し量る
302	むやみに周りを巻き込む	浮かんだアイデアを即実行する	すぐに行動を起こす
303	実現するまでの道筋を考えない	必ずできると信じる	自分の力を信じる
304	改善が必要なものも放置する	不完全な状態こそ完全ととらえる	ありのままを偏見なく見る
305	嬉しいことでも純粋に喜ばない	起こった出来事に意味づけをする	出来事に一喜一憂せず過ごす
306	全員の個人的意見を拾わない	場の進行をスムーズにする	活気づいた円滑な場をつくる
307	データを過信する	データをもとに解決策を練る	定量的に分析する
308	正義感がなくなる	違いを理解してコミュニケーションをとる	自分の当たり前を押しつけない
309	相手にプレッシャーを与える	重要な課題を相手に明確に伝える	物事のポイントをおさえ前に進める
310	誰でもできる仕事に興味を持たない	プロフェッショナルを意識する	クオリティの高い成果を出す
311	取り越し苦労に終わる	これから起こる問題を予測する	問題の芽を摘み取り事前に防ぐ
312	仲間以外を分け隔てする	意図的に信頼できる仲間を増やす	仲間たちと強固な関係性を作る
313	整合性が取れるまで動かない	複数の事実を照らし合わせてから結論を出す	物事に至った経緯を理論立てて説明する
314	敵対視する	人と比較し同じレベルの人を察知する	直感的にライバルを見つけ切磋琢磨する
315	厳格すぎて融通が利かない	ルールを守って進める	怠けずに進める

	短所	才能	長所
316	周りにビジョンを強要する	理想の未来を共有する	周囲のやる気をアップさせる
317	何でも型にはめようとする	共通項を発見する	物事の規則性を見つける
318	軽率に人を励ます	根拠がなくても人を励ます	人を勇気づけて自信を与える
319	成功体験がない人に劣等感を抱かせる	自分の経験を惜しみなく伝えながら人と協力する	自分の成功体験を伝えて人を巻き込む
320	人を頼らない	一人でやりきる	自立した行動をとる
321	愚痴の聞き役になる	不満を抱いていそうな人に事前に声をかける	事前に揉め事を防ぐ
322	情報収集に時間をかけ過ぎる	さまざまな情報を収集する	自己研鑽を積む
323	短時間で問題を解決しようと躍起になる	緊急対応をする	短時間でより良い解決策を見いだす
324	プライベートより仕事を優先させる	納期を守る	緊急な業務を発生させず安全に進める
325	感情のコントロールができない人だと思われる	すぐに感動する	人生を豊かに味わう
326	前例がなくリスクが大きい	さまざまなアイデアをつなぎ合わせて新企画を立てる	他に存在しないプロジェクトをつくる
327	フラットな視点に欠ける	短所を長所に変換して伝える	柔軟な視点を伝えて相手に活力をもたらす
328	逸脱した発言や行動に対して厳しい	ルールを守る	物事の均一化を図る
329	無理に自分を納得させる	すべては宿命だと考える	事象になにがしかの意義を見いだす
330	優先順位の低い作業には身が入らない	優先順位の高い作業に集中して取り組む	効率良く作業を進める
331	約束の遵守が目的になる	約束を守る	律儀に行動する
332	言わなくてもわかってくれるはずと誤解される	相手の言いたいことを代弁する	相手の気持ちを酌み取り言語化する
333	些細なことにも時間を浪費する	細部にまでこだわる	人が気づかないところまで気づく
334	ルール遵守にこだわる	マニュアルを作成する	ルールを可視化する
335	周囲に理解されないアイデアを生み出す	物事を組み合わせてアイデアを提案する	斬新なアイデアを練る
336	依存されやすい	相手の言葉にできない思いを酌み取る	相手に信頼感を与える
337	ゴールが決まらないとモチベーションが湧かない	目標を達成する	ゴールに向かって一直線に進む
338	人をルールで縛る	ルール作成を提案する	組織を秩序立てた方向へ導く
339	競争に勝つことに興味を持たない	楽しい時間を過ごすことに集中する	クオリティの高い時間を過ごせるよう工夫する
340	他者が別の回復方法を勧めても受け入れない	自分なりの回復方法を知っている	うまくいかないことがあってもすぐに回復する
341	むりやりポジティブに考える	失敗すらも学びととらえる	すべてを学びに変える
342	学ぶだけで満足する	新しいことを学べる環境に積極的に参加する	新鮮な知識を増やす
343	見境なく仲間に引き入れチームワークを乱す	全員を仲間と思い輪の中に入れる	分け隔てなく人とつながる
344	自分の感情を無視する	乗り越えることに意義を見いだす	つらさを乗り越える
345	トラブルに巻き込まれる	トラブルの調整をする	合意点を見つけて前に進める
346	デメリットを十分に伝えない	人をより良い未来へ導くよう方針を伝える	不確実な未来でも安定感を与える
347	組織の人たちの負担を増やす	組織再生の前向きな計画を作る	停滞した組織の状況を活性化させる
348	行動のスピードが落ちる	自分とじっくり向き合う	悩みを本質的に解決する
349	たとえ話しか印象に残らない	印象に残るたとえ話をする	相手の記憶に残る話をする
350	プレッシャーと闘い続ける	決めた目標を達成する	有言実行し周囲から信用を得る

	短所	才能	長所
351	相手の問題を改善しようと無用な干渉をする	発言から相手が抱いている不安に気づく	相手の気持ちを洞察し適切な助言をする
352	気づくとジャッジしている	人間観察をする	他者理解を深める
353	問題点を指摘してもスルーする	強みを発揮する分野の知識や技術を徹底的に磨く	卓越した技能を拡大し続ける
354	ネガティブと向き合わない	ポジティブに考えて行動する	イキイキと過ごす
355	冒険しない	協調性を意識して行動する	全体調和へと導く
356	独自性に欠ける	物事が平均的にできるよう努力する	すべての問題から目を逸らさず取り組む
357	新しいものに目移りする	最先端の物事を知る	鮮度の高い情報を手に入れる
358	相手が理解できないと場がしらける	鉄板ネタを伝える	わかりやすくたとえる
359	適当に返されたと思われる	質問に対してすぐに回答する	迅速に相手の疑問を解決する
360	達成しないとモチベーション管理が困難になる	達成の大小に関係なく 次から次へと達成に勤しむ	達成を次の行動のモチベーションにする
361	非生産的となる	答えのない問いを考え続ける	哲学的な視点を得る
362	実現に至るまでの戦略を持たない	まだ形になっていないもののアイデアを出す	斬新なアイデアを出す
363	過剰にリスクヘッジする	後先を深く考える	後悔しない選択をする
364	実力以上のことをする	相手にとって重要な存在になることを常に意識する	相手に献身的な行動をとる
365	勝手に自己判断する	概略の説明だけで確実に行動する	細かい説明を必要とせずに行動する
366	自分がすれば済む作業まで人に押しつける	人に指示を出して任せる	周囲を統制する
367	既存の考え方をもとにしない	新たな視点をもつ	視野を広げる
368	向上するために新しい刺激が必要になる	新しい学びをどんどん習得する	知見を広める
369	その場限りの出会いでは関係を築こうとしない	築いた関係を大切にする	長続きする関係を築く
370	ネガティブな感情に引っ張られる	相手の悩みをよく聞く	ネガティブな感情を引き出し気持ちを和らげる
371	日々の出来事に流される	今この瞬間を大事にする	状況に柔軟に合わせる
372	結論に至るまで時間をかける	一度出した結論を再検証する	用心深く考える
373	役割が不明確だと動かない	役割を重視して行動する	自分の役割を果たす
374	自分にプレッシャーをかける	ベストを目指す	卓越したレベルまで引き上げる
375	周りを優先して自分の意見を出さない	各々の意見がまんべんなく出ているか確認する	チームの意見を適正に扱う
376	多くの人を受け入れすぎる	人々を平等に受け入れる	人々を差別せずに受け入れる
377	「今」に集中しない	思考を深く張り巡らせる	思考の深掘りをする
378	取り越し苦労をする	考えられるリスクをすべて洗い出す	想定外のリスクも想定内にする
379	油断すると感情論になる	理論だけでなく感情も大事にする	理論と感情の両面からバランスの良い決断をする
380	人生の決断を流れに任せ放棄する	決断を思考だけに頼らず感覚に委ねる	自然の流れに任せる
381	パフォーマンスがゴールの有無に左右される	1つのことに集中して取り組む	充実度の高い時間を過ごす
382	甘やかす	何でも受容する	相手との信頼関係を深める
383	逃げ道をなくし自分を追い詰める	自分の目標を設定して周囲に宣言する	有言実行する
384	時に場の雰囲気を悪くする	自由に喜怒哀楽を表現する	感情豊かに表現する
385	結果的に自分のことしか考えない	人の目を気にする	周囲がどう思っているかを考える

	短所	才能	長所
386	原因の発見に躍起になる	徹底的に問題の原因を探る	鋭い洞察力で問題の原因を見つけ出す
387	汎用性に欠ける	すでにあるものを組み合わせて活用する	オリジナリティあふれるものを生み出す
388	生産性を後回しにする	どんな人にも役割を用意する	相手の自己効力感を高める
389	他愛のない雑談を軽視する	オチをつけて話す	人にユーモアを与える
390	長々と話をする	ストーリー仕立てで話す	起承転結のある話をする
391	危険を予測しない	見た目や言葉遣いで人を判断せず接する	先入観なく人と接する
392	周囲にも判断を急がせる	すぐに判断する	状況変化のきっかけをつくる
393	嫌いな人からも好かれる	笑顔でいる	周囲が活気づくよう意識して行動する
394	未来の可能性にかけない	これまでの事実をもとに解決策を探る	地に足のついた考え方で問題を解決する
395	個別対応しない	多くの人をより良い方向に導く	不特定多数に届けるための仕事をする
396	一人で考えを整理しない	相手に自分の意見を聞いてもらいながら考える	自分の思考を対話によって整理する
397	暑苦しい人になる	自分の未来を熱く語る	ビジョンを語って周囲の気持ちを高める
398	周囲の顔色を気にする	言うべきことを言うタイミングを見計らう	周囲の空気を読み最適なときに提案をする
399	組織の利益より個人を優先させる	メンバーのネガティブな感情に配慮する	チームメンバーのネガティブな感情をケアする
400	場を乱す危険がある人まで輪の中に入れる	人を仲間外れにせず輪の中に入れる	どんな人でも受け入れる
401	人の指示に抵抗する	自分の意見をもとに周囲の意見をまとめる	チームを統率する
402	全員に対して平等に対応しない	それぞれの人に合わせた対応をする	人に応じて最適な対応をする
403	体調不良に陥るまで取り組む	目標達成に向けて取り組む	高い目標でも達成に向け実直に行動する
404	根本的な原因と向き合うのを避ける	問題を問題だと思わずに過ごす	悩みがない毎日を送る
405	否定的な意見に耳を傾けない	自分を支持してくれる環境に身を置く	自分を理解してくれる人たちとの関係性を築く
406	資格を取ることが目的になる	資格を取得する	仕事に就くときの選択肢を広げる
407	急を要する場合は相手をイライラさせる	1つ1つの言葉をていねいに表現する	趣のある表現をする
408	情報が多すぎて活用せずに終わる	うまくいっている人にさまざまな角度から質問する	相手の意見を参考に成功する確率を高める
409	他の人の意見や考えを受け入れない	倫理観を強くもって生きる	正義に基づいて判断する
410	他者と進捗状況を共有しない	自分の考えに基づいて黙々と作業する	自立しながら淡々と物事を進める
411	度を越して疲弊する	成果を上げるために努力を重ねる	継続して積み重ねる
412	具体的なイメージができるまで時間を割き続ける	ロールモデルを参考に動く	尊敬できる人を見つけて真似する
413	常識を重視しすぎる	決まりに基づいて物事を遂行する	決めたことは必ず実行する
414	プライベートとの区別がつかなくなる	仕事に没頭して取り組む	仕事の進捗を早める
415	ゴール以外の物事をおろそかにする	有言実行する	掲げたゴールを最後までやり遂げる
416	根拠や計画がなく行動する	初めてのことに躊躇なく挑戦する	あえてリスクを冒し貴重な教訓を得る
417	無理に自分を変えようとする	自分に足りない知識や技術を補う	自分の言動をより良い方向に変化させる
418	物事を安定させない	複雑で多岐にわたる作業をこなす	シンプルかつ明瞭な状態に導く
419	全員の意見ばかりを意識して話が進まない	全員が意見しやすい雰囲気をつくる	安心の場を提供する
420	場違いな発言をする人を排除する	世間の常識をもとに物事を考える	安定した行動をとる

	短所	才能	長所
421	相手の理解度を確認しない	さまざまな方面から人の情報を盛り込んで話す	彩り豊かに多くの情報を伝達する
422	停滞すると混乱する	物事を順調に前に進める	物事を円滑に進める
423	馴れ馴れしい	環境が変わってもすぐに人と仲良くする	人見知りせずに関わる
424	進捗がわからないと計画の把握が困難となる	進捗を数値化する	全体のスケジュールにおける進捗を把握する
425	自分の殻を破らない	自分を客観視する	自分の状況を的確にとらえる
426	理想を描かない	現実的に対応する	物事を粛々と前に進める
427	せっかちなこと	早急に物事を進める	進捗のスピードが速い
428	胡散臭いと思われる	人の心を動かす話術で流暢に語る	スムーズに交渉事を進める
429	突拍子もないアイデアまで浮かぶ	常に希望を持って未来を思い描く	ワクワクするアイデアを考える
430	結果が出ないとすべてが無駄だと極論に至る	結果にこだわって物事を進める	結果を出すために日々努力する
431	いちいち細かい	事象を細やかに言語化する	あいまいな事象を明確に表現する
432	勢いで決めてしまい後悔する	即決する	早急に物事に取りかかる
433	責任感のない人だと思われる	「～すべき」などの制限にとらわれずに考える	柔軟に対応する
434	ゆったりとくつろがない	一日のスケジュールに自己研鑽の時間を取り入れる	自己成長の時間を意図的に作る
435	生産性のないことに取り組まない	行動をスリム化する	今の目標に必要ないものを削ぎ落とす
436	無難に対応する	相手の好き嫌いも尊重する	相手の選り好みに寛容に接する
437	各々の第一希望が優先されない	メンバーのスケジュールを調整する	複数の要素を組み合わせて円滑に計画を進める
438	流れに身をまかせない	どんなことにでも期限を設定する	期限までの完了を目指して取り組む
439	場の統制が図れない	人々が自由に動けるように配慮する	人を型にはめないよう考慮する
440	うまく変化に対応できない	規則正しく淡々と物事を進める	必要なことを習慣化する
441	対立を敵視する	人間関係の橋渡し役となる	全体像から意義を見いだせるように働きかける
442	落ち着いたムードを壊す	短時間でたくさんの話題について話す	豊富な話題を提供する
443	見つけるだけで実用に役立てない	関係のない事象に共通点を見つける	クリエイティブな思考をする
444	成果が出るまで膨大な時間を割く	どんな個性をもっていても粘り強く育成する	豊富な人材を育成する
445	自分の所属する組織との関係性が薄い	会社以外の人々と関係を広く築く	人間関係を更新し新鮮さを保つ
446	心を許さない人には冷たい	積極的に心をオープンにする	主体的に関係を強固にする手段を取る
447	物であふれかえる	万が一に備えて物を多めに準備する	緊急事態を想定しリスク管理をする
448	人の成長を最優先させ短期的な成果をおろそかにする	目先の成果より人の成長を大切にする	長期的視点で考える
449	大げさなこと	相手の話に大きくリアクションする	相手に「聞いてもらっている」という安心感を与える
450	個人に寄り添いすぎて組織の意向を無視する	個人の意向に寄り添って業務を進める	組織の中にいる個人を尊重して寄り添う
451	じっくり待てない	いつ始めるかを即決する	物事に早期に着手する
452	いつまでも話し続けて終わらせない	興味深い話題について論じる	興味のある分野の理解を深める
453	流暢さに欠ける	じっくり考えて発言する	安直に結論を出さず慎重に発言する
454	自分の問題だと勘違いする	相手の感情を自分事のように理解する	人の感情を自分事としてとらえ大切にする
455	考えが浅いまま行動する	目の前の出来事は必然だととらえて挑戦する	流れに身を任せる

	短所	才能	長所
456	紹介を頼まれると断れない	合いそうな人同士をつなげる	他者に新たな関係性をもたらす
457	難しいことでも無理だと言わない	自分が実現可能であることを他者に伝える	他者にとって頼りになる
458	今役立たない不必要な情報も集める	ライフハックを収集する	いざという時に役立つ情報を持つ
459	感情の起伏が激しく安定感に欠ける	情熱的に行動する	自然と躍動感が周囲に伝播する
460	目的のためなら手段を選ばない	トップを目指す	人より秀でた行動を取り続ける
461	相手が重大さに気づけない	遠回しに否定意見を言う	相手の機嫌を損なわずに対応する
462	急を要さないものにまで時間を割く	リスクを1つ1つ潰す	物事を1つ1つ確実に進める
463	急な変更に戸惑う	秩序立てて行動する	仕組み化して生産性を上げる
464	考える量の割に行動が足りない	いくつもの対応策を練る	次々に打ち手を講じる
465	過程をおろそかにする	目的を明確にする	必要なことにのみ時間を注ぐ
466	場を乱す発言に動揺する	場の安定を図る	穏やかな場を保つ
467	諦めが早い	すべては必然だと受容する	執着を手放す
468	非現実的な案を出す	新しい案が閃く	画期的なアイデアを思いつく
469	自分のための時間を後回しにする	人の役に立つと感じたら精力的に行動する	利他的な行動をとる
470	マルチタスクになると行動が停止する	一点集中で物事に取り組む	活動に没頭できる状態を作りだす
471	沈黙が必要なときも喋る	会話の口火を切る	場の停滞を打破する
472	いつまでも答えを求め続ける	より良い方法を探し続ける	良くなる点を探す
473	他の解決ルートが見えない	目の前の問題に1つ1つ取り組む	問題に対しひたむきに取り組む
474	キャパシティを超える	どんな仕事でも前向きに引き受ける	たくさんの仕事に挑戦する
475	話の全体性を意識しない	要点に注目させる話し方をする	ポイントを明確に伝達する
476	筋道から逸れる方法を拒否する	目標に向け明確に筋道を立てる	効率よく物事の進捗を管理する
477	クオリティにこだわらない	チェック項目を消しながらタスクを終わらせる	チェックリストを活用し着実に進める
478	独りよがりだと思われる	自分の可能性を信じる	チャレンジ精神を持って挑む
479	つらい人の気持ちに心から寄り添えない	相手の感情を冷静に観察する	自分と相手の感情に線引きする
480	マイナスな点ばかり探す	壊れたものを見つけて修理する	ものに再び生命を吹き込む
481	個性に対する配慮をしない	全員に等しく利益を与える	不平等さによって生じる損失を防ぐ
482	学びになった時点で満足し行動しない	何に対しても「学びになった」と発言する	どんな出来事も「学び」に変換する
483	取り決め以外は認めない	組織をルールで厳格に管理する	組織の秩序を保つ
484	求められていない指摘までする	相手の欠点を指摘する	相手の改善点を明確に伝える
485	単なるおせっかいになる	現状よりもさらに良い提案をする	相手に新たな発見をもたらす
486	過度に抱え込む	どんなに不都合な事実とも向き合う	デメリットも受容したうえで前進する
487	周りで何が起きているかを把握しない	考えることに時間を費やす	周囲の雑音に影響を受けず思考に集中する
488	威圧感を与える	どんな状況下にあっても堂々と振る舞う	相手に自分の重要性を非言語で伝える
489	優秀かどうかわかるまで親しくならない	優秀な人と親しく付き合う	優秀な人と深い関係性を築く
490	相手が改善する機会を奪う	否定せず相手の言動を受け入れる	相手を肯定する

	短所	才能	長所
491	外部の声が一切耳に入らない	短時間で目標を達成する	並外れた集中力で取り組む
492	傲慢になる	自分の考えに他者を同調させる	意見の一致により協力体制を作る
493	お世辞だと思われる	人の才能に気づいて伝える	行動の動機づけをする
494	他の人のおすすめの勉強法を聞き入れない	自分にとって最適な勉強方法を見いだす	自分流の勉強の進め方を構築する
495	いきあたりばったりで行動する	前進しながら学ぶ	ノウハウが整理されていない状況でも前進する
496	正しく進めているか確認しすぎる	方向性がずれたときに軌道修正をする	適切な時期に明確な方向を示す
497	妄想スイッチが入り眠れなくなる	未来の理想の状態を想像し続ける	現実がどうであれ希望を抱いて活気づく
498	本質に至るまで無駄に時間を割く	物事を突き詰めて考える	本質をつかむ
499	思い込みが激しい	リアリティのある未来を想像する	未来に確信を持つ
500	学びを成果に結びつけない	成果にこだわらずに学ぶ	学びのプロセスを楽しむ
501	何も考えずにくつろがない	絶えず考え続ける	思考力を鍛える
502	科学的根拠がない	持論をもとに確信をもって発言をする	他者からの信頼を集める
503	人と協力しない	マイペースに一人だけで成果を出す	自立した行動をとる
504	約束を果たせないことに罪悪感を抱く	約束を果たせない場合は事前に伝える	先を見据えて行動する
505	チームに自分のやり方を押しつける	作成したチェックリストをチームで共有する	チームの足並みを揃えて物事にあたる
506	人から搾取される	自分が得た知識や経験を他者と共有する	惜しみなく愛をもって他者に分け与える
507	お調子者になる	ノリの良い快適なテンポで接する	相手に軽快な心地よさを提供する
508	準備や確認に時間をとられて心の余裕をなくす	入念に準備と確認をする	抜け漏れがなく完璧に整える
509	目の前の現実に意識を向けない	未来を予測して必要なものを準備する	用意周到に準備する
510	規則を破る人に厳しい	組織の規則にしたがって行動する	組織の安全性を保つ
511	リスクに対する十分な対策を怠る	危機的状況でも未来を明るく考える	前向きな考えをもつ
512	追い詰められないと力を出さない	ネガティブな出来事を力に変える	逆境をモチベーションにする
513	関連性について理論的根拠を言えない	物事の共通点を直感的に見いだす	物事の関連性について説明する
514	リスク管理が甘い	立ち直りが早い	物事に囚われずに次に進む
515	独断と偏見で人を裁く	自分が下した判断が正しいと考える	自分の判断に自信をもつ
516	短所に目を向けない	相手の良いところにいち早く気づいて能力を伸ばす	自分や他人の強みに気づいて活用する
517	周りのペースに合わせない	自分のペースで物事を実行する	周りに流されずに行動する
518	喋りすぎる	会話の主導権を握り人を楽しませる	率先して会話し人を楽しませる
519	考えにまとまりがない	試行錯誤する	さまざまな懸念点を出す
520	新たな挑戦の機会を減らす	自分の苦手な仕事を得意な人に任せる	仕事を最適な人に割り振る
521	長文すぎて人は読む気が失せる	思いの丈を文章化する	出来事や感情を豊かに言語化する
522	反感を買う	相手が誰であれ自分の意見を述べる	組織の風通しを良くする
523	良い人だと思われる選択を重視する	相手に応じて柔軟に対応する	相手を素直に受け入れる
524	慎重さに欠ける	リスクを顧みず果敢に挑戦する	積極的にリスクをとる
525	人の意見を軽視する	自ら方向性を決断する	自発的に行動する

	短所	才能	長所
526	「やる気がない」と勘違いされる	ゆとりを持って物事に取り組む	何が起きても対応できると自分を信頼する
527	空気を読まない	常にありのままを意識する	自分を飾らずに接する
528	時に場の雰囲気を悪くする	率直なコミュニケーションをとる	相手に心を開いて自分の思いを伝える
529	既存の方法を軽視する	周囲の抵抗がもっとも少ない新たな道を模索する	周囲が納得する形で進む新たな選択肢を考える
530	人にアイデアを理解されがたい	別のジャンルを組み合わせてアイデアを出す	異なる要素を有効に組み合わせてアイデアを出す
531	タスク表がないと行動しない	タスク表を作る	計画的に物事を終わらせる
532	自分がどうしたいのかがわからなくなる	チーム一人一人の意見を肯定する	みんなが意見しやすい場を整える
533	既存のルールを無視する	その仕事に最適な人を配置する	物事を組み合わせて効率化を図る
534	刺激に耐性がない	騒がしい場所から離れる	心の安定を保つ
535	失敗要素に目を向けない	成功要因を詳細に観察して伝える	相手の成長を促進する
536	本音を言わない	相手の目線で考える	相手を思いやる言動をとる
537	物事を複雑に考えすぎる	物事に対し懸念事項を挙げる	さまざまな困難を想定する
538	自分の利益を優先させる	深く付き合う人を見定める	快適な人間関係を構築する
539	深刻な事態に陥るまで気づかない	物事の明るい部分に着目する	物事を深刻に捉えず動く
540	おおげさに表現する	身振り手振りを用いて話す	相手に伝わるように工夫する
541	意図を酌むまで容易に発言しない	相手の発言の意図を理解する	相手の意向に沿った回答をする
542	親しみがなく他人行儀になる	目上の人に敬語で話す	上下関係を重視した態度をとる
543	サポートに時間を使いすぎる	どんな人にも時間をかけてサポートする	相手が成長できる環境を整える
544	自分の秩序を乱す人を差別する	マイルールで行動する	一定の秩序を保ち安定させる
545	何でも平等化させようとして周囲を息苦しくさせる	不平等に気づいて指摘する	不利な状況に置かれている人を助ける
546	証明する正確なデータがない	世界はこれからますます良くなっていくことを伝える	不安な人の心を落ち着かせ希望を与える
547	周囲から不思議がられる	まだ出会っていない人との縁にまで感謝する	未来に思いを馳せる
548	個性を尊重しすぎて統一した見解を持てない	違う考えを受容する	個性を尊重する
549	味方を見つけるまでは心を開かない	気を許せる人を常に探す	味方だとわかった瞬間に心をオープンにする
550	危険な人とも仲良くする	人見知りせず付き合う	多くの人を味方につける
551	話にまとまりがなくなる	会話のきっかけをつかんで話を広げる	新鮮な話題へと展開させる
552	縁を切るのに躊躇する	人とのつながりに気づく	つながりを大切にする
553	現状維持を好んで行動しない	「足る」を知っている	日常に満足して生活する
554	人に優劣をつける	優秀な人との関係を築く	優秀な人とともに協力し成果を出す
555	組織の意向を無視する	組織よりもメンバーの思いに寄り添う	メンバーの意向に寄り添いながら業務を進める
556	何となくごまかす	明確な意見の提示を避ける	周囲に同調する
557	上下関係を無視する	お金や社会的地位などで言動を変えずに接する	人を平等に扱う
558	刺激が多すぎて疲れる	たくさんの人と知り合う	広いネットワークを構築する
559	ネガティブな人と過ごすと疲れる	前向きで明るい態度で接する	周囲に明るさをもたらす
560	想像に時間をかける	当日の流れをシミュレーションする	イメージ力を活用して予測する

	短所	才能	長所
561	思考に時間を取るため進捗のスピードが落ちる	多角的視点から物事を深く考える	物事の上辺だけでなく根幹を発見する
562	不安がある程度解決するまで本格的に着手しない	不安な要素は先に潰す	先回りして対応する
563	メンバーの行動を過剰規制する	手順通りにできているか細部にこだわり指摘する	組織の生産性を維持し前進し続ける
564	失敗からの学びが薄い	失敗を気にせず行動する	うまくいかなくても凹まずに進む
565	詰問する	相手に物事の根拠や背景の共有を求める	全体像を把握するため情報収集する
566	人を闇雲に急かす	物事に早く取り掛かるよう後押しする	周囲を巻き込んで進捗をスピードアップさせる
567	中立的な視点に欠ける	ポジティブな情報を見つけ出す	ポジティブな側面に焦点を当てて行動する
568	理想が高すぎて長続きしない	過去の偉人の歴史を調べる	成功に結びつく考え方を習得する
569	現実味がなく呆れられる	人が驚くアイデアを出す	無限の可能性を広げる
570	ルールから外れることも許可する	ルールより相手の状況に配慮する	相手の行動理由を理解する
571	愚直な人だと思われる	正しい行いをする	正義感をもって行動する
572	相手に問題点を伝えない	相手に良くなったところを伝える	相手の成長を認め自尊心を高める
573	標準化や平均化にこだわりすぎる	マニュアルなどの資料を作成する	組織のルールを可視化する
574	日々の行動に過剰に神経を使う	自分の行いは良くも悪くも自分に返ってくると考える	何事に対しても正しい行動をとろうと自制する
575	いち早く壁にぶつかる	前人未到でリスクがある新分野にチャレンジする	物事に大きな変化をもたらす
576	進めるうちに要素を見落とす	物事をわかりやすく整理する	物事を構造的に理解する
577	個別に配慮しない	全員にとって平等なシステムを構築する	全員がスムーズに動けるよう配慮する
578	ポジティブな視点に偏る	物事の良い側面を伝える	考えが凝り固まっている人の視点を転換させる
579	負の感情を隠さない	感情を素直に表現する	自分の気持ちをラクにする
580	自分の話をしない	全体が会話に参加できるよう均等に話をふる	全員が楽しめる会話の場を提供する
581	決めつけで関わる	相手の言動から資質を推測する	洞察力を高める
582	優秀かどうかで人を判断する	相手の優秀な部分に気づく	他人の強みに気づく
583	本質的ではないものを排除する	本質を探求する	本質を見極める
584	言語化しても相手に伝わらない	他者との絆を感じ取る	見えない相互関係に気づく
585	合意に時間を要する	全員から意見をヒアリングする	全員の合致点を模索する
586	相手の本心を気にしすぎる	相手の言動などの微細な変化に気づく	相手の変化を察知して配慮する
587	採算を度外視する	与えられた仕事を全うする	相手との信頼関係を結ぶ
588	優先順位が低いことを後回しにする	物事に優先順位をつけて動く	効率的に物事を遂行する
589	適当な人に厳しい	完璧を目指して取り組む	質の向上を図りながら完成させる
590	事実を事実として受け入れない	物事をポジティブにとらえる	何でも学びに変える
591	奇抜な解決策を提案する	既存のものに囚われずに新しい発想をする	可能性を模索し新鮮な解決策を見いだす
592	「何を言っても怒らない人だ」と見くびられる	誰とでも穏やかに接する	全体に癒やしを与える
593	他人の失敗体験に共感しすぎて自分も気分が沈む	他人の失敗から学ぶ	未来の経験に活かす
594	ゆとりを持たず窮屈に感じる	一日の計画を可視化する	抜けや漏れのないよう全体像を把握する
595	手順がわからないと取りかからない	規則にしたがって黙々と作業に没頭する	作業に集中する

	短所	才能	長所
596	ネガティブな印象をもたれる	マイナス面を発見する	問題解決の糸口を見つける
597	現実から逃避する	悩んでも数日で忘れる	ネガティブを引きずらずに過ごす
598	今必要なことに時間を割かない	過去を深く振り返る	十分に反省し未来に活かす
599	説明に力を注ぎすぎて話が長くなる	過去の事例や状況をもとに経緯を説明する	相手にわかりやすく概略を伝える
600	忙しく働きすぎる	成果を出すために精力的に働く	スタミナがある状態で活躍する
601	関係性が深い人とそうでない人との差をつける	深い関係性の存在をより大切にする	関係性をより強固なものにする
602	過程を楽しまない	定期的に軌道修正を図る	ゴールから逸れないように導く
603	嫌な過去が忘れられずトラウマになる	過去に起きたことを忘れず記憶する	過去の経験を活かす
604	自信過剰なこと	自信を持って物事に取り組む	ダイナミックに取り組む
605	人に話す機会を与えない	会話の主導権を握る	活発に会話を進める
606	周りに気をつかいすぎる	周囲に配慮しながら関わる	常識的に行動する
607	タイミングをうかがううちに機会を逃す	意見を伝えるタイミングを見計らう	感覚的にタイミングをつかむ
608	周りに意見を言わせない	先頭に立って推進する	力強く人々をゴールに導く
609	人に訝しがられる	シンクロニシティに気づく	集合的無意識とつながる
610	周囲を困惑させる	周りの人たちを笑わせようとする	場を和ませる
611	整合性ばかり気にする	根拠をもとに話す	矛盾のない説明をする
612	質より量をこなすので粗が目立つ	効率を考慮しながら短時間で行動する	短時間で多くの作業をこなす
613	後先を考えず人に迷惑をかける	とりあえずやり始める	どんどん新しい気づきを得る
614	深層心理に触れられたくない人にとっては脅威となる	深層心理を感覚的に理解する	物事を洞察する
615	一人だと自分に甘くなる	同じ目標を持つ仲間とともに勉強時間を確保する	同志を見つけて物事に取り組み前進する
616	対応方法が常に変わるため周りを混乱させる	1つのやり方にこだわらず柔軟に対処する	しなやかに対応する
617	質問攻めにする	自分や他人にあれこれ問いかける	自分や相手の思考を深める
618	理論立てて考えない	どこに何が必要かを瞬時に判断する	直感的に物事を整理する
619	人に称賛を強要する	称賛を得るためなら惜しまず努力する	重要なプロジェクトやチームを率いる
620	事後報告で初めて誤りに気づく	どんな状況でも「自分はできる」と思う	自己効力感を高く持つ
621	大人数の場での会話に疲弊する	信頼できる相手にのみ自己開示する	一対一で強固な関係を築く
622	周囲の意見を無視する	自らの意思にしたがって動く	ストレスなく日々行動する
623	人の気持ちを後回しにする	事実に着目する	物事を分析する
624	前例がないと混乱する	歴史をもとに調べる	過去のデータを読み解き未来に活かす
625	事実を軽視する	真実に目を向けて考える	真理を重んじる
626	することがないと焦燥感に駆られる	常に何かに取り組む	多くのことを実践する
627	代替案を出すまでに時間をかける	代替案を模索する	行き詰まっても別の方法を試して挑戦する
628	人をなかなか寄せ付けない	慎重に自己開示する	人との距離感を保つ
629	苦手なことをやらない言い訳をする	自分の得意なことを活かそうとする	賢明かつ合理的な判断をする
630	考えが甘い	最悪の状況でも物事の良い部分を見つける	視座を高めてポジティブに物事をとらえる

	短所	才能	長所
631	何事も理解していないと自信がもてない	日常の問題を処理する方法を把握する	安心して物事に取り組む
632	能力差を考慮しない	多くの人を引き入れてグループの輪を広げる	全体のチームワークを高める
633	学ぶだけで終える	毎日楽しく学ぶ	生活に彩りを添える
634	目標達成に関わること以外は軽視する	達成に至るまでのルートに優先順位をつける	戦略的に進める
635	その場しのぎで対応する	緊急対応する	安心安全に導く
636	一人一人の希望を等しく叶えない	期日を設定し周知する	チームの生産性を上げる
637	合理性を重視した付き合いばかりする	自分の実力を認めてくれる人たちとつながる	自分の才能をより磨き上げる
638	確固たる軸を持たない	さまざまな状況に柔軟に対応する	物事に適応する
639	完璧を追求しすぎて疲弊する	完璧を追求する	どこまでも満足せずに質にこだわる
640	意見が衝突しても引き下がらない	自分の意見を貫く	自分の意見に信念を持つ
641	人の気持ちより最適な環境づくりを優先する	仕事に最適な人を割り当てる	人を適材適所に配置する
642	休息を忘れて無理をする	ToDoリストで予定を可視化したうえで取り組む	効率よく行動する
643	全体像の把握を怠る	具体的に行動する	膠着状態を終わらせる
644	自分が犯した罪も正当化する	罪悪感をもたずに日々を過ごす	過去を引きずらない
645	今自分が何をしようとしていたのかを忘れる	過去や未来についてあれこれ考える	時間軸に関係なく思考を自在に行き来する
646	スピリチュアルな人だと怪しまれる	目の前の出来事は必然であると考える	困難に直面しても前向きにとらえる
647	作り笑いや愛想笑いをする	笑顔を大切にして微笑む	人の気持ちを明るくする
648	古い制度を大事にしない	新しいコンテンツを企画し社会に貢献する	新しい事業を立ち上げる
649	期待された成果を出すのが遅い	達成の大小に関係なく行動する	小さな達成にも満足する
650	型やルールなどを無視する	独自性のある作品を作る	直感で創造する
651	飽きっぽい	感覚で物事を決める	物事に固執しない
652	自分に意識を向けない	個人と全体の状態に細心の注意を払う	個と全体の状態を感じ取りバランスをとる
653	緊張した状態のまま動き続ける	書類に不備がないか確認する	滞りなく重要な書類を作成する
654	誰に対してもフィードバックを求める	フィードバックを積極的に取り入れる	客観的に物事をとらえて改善する
655	周囲に合わせて行動しない	自分で考えて行動する	主体的に行動する
656	他力本願に思われる	人の力を頼る	頼られたい人のモチベーションを上げる
657	休息を取り忘れる	時間をやりくりしながら物事をやり遂げる	必要なことに忠実に取り組む
658	相手にも同じスピード感を求める	迅速に意思決定をする	生産性を高める
659	誤った解釈のまま信念として定着する	自分なりの確固たる持論をもつ	さまざまな情報から物事の本質を統合する
660	自己満足な文章を書く	あふれ出る思いを文章で表現する	情緒豊かな文章を書く
661	理想が崇高すぎて実を伴わない	夢や希望を持って実現に向けて努力する	大きく世界に貢献する
662	率直な評価や意見を相手に無理強いする	どんな評価も真摯に受け止める	相手の評価を素直に受け入れ次に活かす
663	相手の話を聞きすぎて自分の時間を無駄にする	相手の話を全力で聞く	相手の本音を引き出す
664	他者理解に時間をかけすぎる	相手の話を関心を持って聞く	相手の話を十分に理解するよう努める
665	対立に怯える人に動揺を与える	対立は解決策の一歩だと理解したうえで発言する	対立によって生じるメリットを活かす

	短所	才能	長所
666	諦めが悪い	いつか叶うと信じて行動する	自分の可能性を信じる
667	独裁的になる	主導権を持つ	場をコントロールする
668	自分に責任があると思い本音を飲み込む	闇雲に本音をぶつけず言葉を選ぶ	人を傷つけないように配慮する
669	意見の不一致を受け入れない	チームの意見の一致を図る	チームを同じ方向へ導く
670	周囲から孤立する	一人でいる時間を大切にする	不要な刺激を避け安定を保つ
671	記録をつけることが目的になり活用しない	目標達成のために必要な記録をつける	必要なときに振り返りや把握をする
672	周りの人も見えていると勘違いし説明を怠る	頭の中で最短ルートをシミュレーションする	戦略的に目標まで到達する
673	専門分野の知識が積み上がらない	広く浅くさまざまな分野を学ぶ	他の分野の学びを別の分野にも活かす
674	自己開示が苦手な人にも強制する	人に正直さを求める	裏表のないコミュニケーションをとる
675	自分のやり方に固執しすぎる	自分のやり方で取り組む	一番最適なやり方を確立する
676	窮屈なコミュニケーションをとる	相手の資質を把握しコミュニケーションをとる	相手の資質を洞察しカテゴライズする
677	自分の意見を押し殺す	波風を立てないようにチームの議論を進める	チーム全体を丸くおさめる
678	手順が理解できるまで進めない	相手に手順を教えてほしいと伝える	確実に業務を遂行する
679	諦めが悪い	コツコツと根気強く取り組む	物事に継続して取り組む
680	整っていない状況では混乱する	順序立てて考える	物事を仕組み化する
681	スピリチュアルな人だと警戒される	見えない世界の概念を基準に行動する	一定の価値体系を創りだす
682	恩着せがましい	自分が相手にしたことを逐一報告する	ていねいに相手と進捗を共有する
683	類似性を発見できない	独自の視点で他者と異なる意見を言う	独自の鋭い視点で貴重な助言をする
684	急を要する場面でも時間をかける	ミスがないようにダブルチェックする	円滑かつ確実に物事を進める
685	愚痴ばかり言う	信頼できる人にだけ本音を打ち明ける	ありのままの自分を他者と共有する
686	計画が狂うと立案が二度手間になる	計画を立てる	計画にしたがって物事を確実に進める
687	乱雑な環境に適応できない	物事を整理して構造化する	混乱した物事を整理して仕組みを作る
688	業績を軽視する	相手の仕事ぶりを認める	物事に取り組む姿勢を大切にする
689	どうでもよいことに囚われる	微細な間違いに気づいて修正する	物事を完成形に近づける
690	自国の文化を重んじない	さまざまな国の人たちと交流する	異文化交流で知見を広げる
691	相手も自分と同じイメージができていると思い込む	過去から未来へのイメージを膨らませて相手に伝える	物事を長期的視点で伝える
692	口うるさく指摘する	規則の遵守を求める	不当な行動をやめさせる
693	ナルシストになる	人を惹きつける会話をする	人に活気を与える
694	没個性になる	周囲の行動に合わせる	無難な対応をする
695	数字にこだわりすぎて目的を見失う	明確な基準のもとで勝負に臨む	成果が数値化されたものに対し大きな結果を出す
696	周囲の物事に鈍感なこと	何があっても動じず対応する	環境に振り回されず動く
697	今に満足しない	将来を想像しワクワクする	生きる希望を強く持つ
698	その人に能力がないのに気持ちを押しつける	迷っている人の後押しをする	相手の決断を全力で応援する
699	楽しめないことには興味をもたない	物事を楽しくゲーム化する	人が楽しむための仕組みを作る
700	目標達成のために役立たない他の楽しみを切り捨てる	目標達成に役立つことだけに取り組む	優先順位を明確にして取り組む

	短所	才能	長所
701	行動につなげず絵に描いた餅で終わらせる	ビジョンを描く	無限の可能性を信じる
702	人に成長の機会を与えない	人の力を借りず何でも一人で解決する	自力で解決する
703	人から妬まれる	聴衆を興奮と感動に導く	エンターテインメントを与える
704	無駄にエネルギーを消費する	失敗ありきで行動する	失敗も前向きに捉えて次に活かす
705	グループ全体の考えがまとまらない	グループ内で異なる意見が出ることを受容する	一人一人の意見を尊重する
706	相手の問題解決の優先順位を見誤る	相手の悩みに大小をつけずに聞く	相手の悩みをありのまま把握する
707	人を自分の物差しで審判する	倫理観に沿って正しい行動を取る	世のため人のために行動する
708	人付き合いが悪い	一人の時間を最優先してじっくり物事を考える	孤独を恐れずに物事と向き合う
709	擬音語や擬態語を使いすぎて騒々しくなる	臨場感に溢れた話をする	表現力豊かに話す
710	頼られると無理をしてでも請け負う	責任感をもって行動する	周囲から信頼を得る
711	短絡的に考える	思い立ったらすぐに実行する	早く結果にたどり着く
712	成果を上げるために工数を増やしすぎる	1つ1つの行動ごとに完璧かどうか確認する	ていねつかつ確実に物事を進める
713	何かを学ばないと落ち着かない	新しい知識をどんどん自分のものにする	学んだ知識を吸収し多くの物事に役立てる
714	何度も見すぎて二度手間になる	複数人の物事の進捗を定期的に目視で確認する	全員が計画通りに進むよう配慮する
715	目標達成だけに心を奪われる	目標を達成するため手段を柔軟に変える	目標を効率よく達成する
716	課題点をあいまいにする	成長を伝えポジティブな言葉で締めくくる	相手の心を癒やす
717	これまでに試した方法の検証が浅くなる	すぐに新しい方法を試す	新鮮さを保ちながらより良い行動をとる
718	度が過ぎると秩序がなくなる	柔軟に物事を考える	柔軟に方法を変えながら仕事を進める
719	緊張感に欠ける	大人数の前でも緊張せずに話す	大勢の前で自分の気持ちを的確に伝える
720	周囲への説明が足りず理解が得られない	言葉より行動で示す	周囲に手本を示す
721	目標を達成すること以外に注意が向かない	目標を達成するためにさまざまな選択肢を検討する	多角的な視点で思考する
722	没頭しすぎて周りが見えなくなる	1つのことに集中して取り組む	高い成果を出す
723	他者からの視点に欠ける	自分の考えを俯瞰する	自分の思考を冷静に把握する
724	自分のダメージに気づかない	意欲的に活動する	エネルギッシュに物事を進める
725	人を分け隔てする	相手に合わせて細やかに伝え方を変える	オーダーメイドの対応をする
726	すぐに飽きる	常に最新の知識を学び続ける	好奇心を活用し新鮮さを保つ
727	能天気なこと	常に前向きに考える	前向きなモチベーションを維持する
728	自分語りに酔う	湧き起こる感情のまま話す	情緒あふれる会話をする
729	予測可能なことや同じことが続くと飽きる	柔軟性を持つ	突発的なトラブルに対応する
730	体力を無視して体調を崩しやすい	達成を目指して際限なく取り組む	達成のスピードが速い
731	相手の理解が困難になる	マニアックな情報を集める	専門的な知識を究める
732	予定外の出来事に対し動揺する	ルーティンワークに取り組む	プロセスを構造化する
733	突発的な事態が起きた場合は立て直しが困難になる	うまくいかない場合に備えて計画を立案する	リスクをもとに何をすればよいか把握する
734	独りよがりになる	自分の軸をもって行動する	自分の信念に沿って行動する
735	相手に見くびられる	対等な立場で接する	相手と同じ目線で会話をする

	短所	才能	長所
736	過去に固執する	過去の失敗を肝に銘じて過ごす	過去の経験から失敗を未然に防ぐ
737	人の感情に鈍感になる	トラブルに動じず落ち着いて対応する	地道に解決する
738	生産性が低下する	複数の物事を同時進行する	偏りなく物事を進める
739	一人一人に合わせた対応に注力しすぎる	周りにいる一人一人に気を配る	一人一人の成功を願い手助けする
740	無駄にタスクを増やす	目標達成までのタスクを詳細に分解する	目標達成するまでに行うことを明確化する
741	夢見がちなこと	現時点で実現不可能な提案をする	思考の制限を払拭する
742	説明不要なことまで説明しようとする	相手に説明できるようじっくりと考える	わかりやすく整理して説明する
743	優柔不断になる	人との対立を避ける	合意のうえで意思決定をする
744	正義で人を裁く	社会のルールに沿って行動する	常識ある行動をとる
745	古いものを軽視する	新しいものを取り入れる	新しいものに抵抗を持たず採用する
746	人の助言を聞かない	どんなことも最終的には自分で決める	責任をもって自己決定する
747	問題から目を逸らして根本を解決しない	リフレッシュする	臨機応変に切り替える
748	夢や希望を失わせる	相手の期待値を調整する	地に足のついた考え方を促す
749	最適な選択肢や最善の方法以外に興味を持たない	最適な選択肢を絞り込み最善の方法を決める	最適な選択肢かつ最善の方法を決定する
750	無計画的に動く	臨機応変に行動する	イレギュラーがあっても動じずに対応する
751	予想外の事態が起こると大幅に組み換えが必要となる	複数の案件がスムーズにいくよう構成する	事前に物事を整理しながら型をつくる
752	過去の出来事をすぐに忘れる	過去に対し後悔せずに生きる	物事に固執せず割り切る
753	調子の良いことばかり言う	人が喜びそうな話題を提供する	会話で人を笑顔にする
754	馴れ合いの関係になる	互いに良いところを伝え合う	互いのパフォーマンスを上げる
755	自分の考えをあいまいにする	どんな意見も肯定や否定をせずに聞く	中立な立場をとる
756	融通を利かせない	ルールにしたがって動く	自律した行動をとる
757	SNSばかり見すぎてやるべきことをしない	SNSの反応を気にする	相手がどう思っているか細やかに察する
758	自分の力を過信する	物怖じせず堂々と振る舞う	周囲に安定感を与える
759	バランスを考えない	一日の予定を詰め込む	多くのタスクを終わらせる
760	相手の甘えを助長する	相手が助けを求める前に手を差し伸べる	相手の気持ちを読みとり先手を打つ
761	満足感に浸ったまま終える	理想が叶ったときのことをありありとイメージする	未来に臨場感をもたせ動機づけする
762	饒舌になる	スピードの緩急やリズムの強弱をつけて話す	物事を印象的な会話で表現する
763	余白の時間を取らない	フルスピードで思考する	たくさんの考えを思いつく
764	より高みを目指さない	他の人と同じレベルにまで自分の実力を引き上げる	他の全員と大差なく平均的に実績を上げる
765	大胆な挑戦を避ける	勝てる相手と勝負する	勝てる場所を見極める
766	勝利にこだわりすぎて周囲がついてこられない	勝利を目指してチーム全体に指示する	勝利に導けるよう指揮をとる
767	都合の良いことしか言わない	周囲の調和を意識して行動する	和やかな雰囲気を作る
768	脈絡なく話す	思いつくままに話す	流暢に語る
769	感情移入しすぎて疲弊する	人の立場を自分事に置き換える	相手の心情をより深く理解する
770	自分を棚に上げる	人の問題点に気づく	人の課題を発見する

	短所	才能	長所
771	面倒臭い人だと思われる	小さな変化に気づいて伝える	細やかな視点から意見を伝える
772	一時の満足感で終わる	自分のワクワクを大切にしながら未来を描く	自分のモチベーションを上げる
773	失速し始めたときに自責の念に駆られる	達成を目指して夢中になって取り組む	一度取り組んだことは最後までやり切る
774	隙がないと思われる	不測の事態が起こらないよう準備をする	手抜きをせず対応する
775	自分だけでは動かない	協力して大きな成果をだす	協調性を全体の利益につなげる
776	根本から急激に変化させ周囲が混乱する	手順を見直して仕事の流れをスムーズにする	根本的な見直しをする
777	チームの中でついてこられない人が出てくる	チームリーダーとして積極的に発言する	チームを活性化に導く
778	興味のないものに関心をもたない	無駄な部分にエネルギーを注がない	ハマったことに徹底的に時間を使う
779	必ずしも正しい判断とは言えない結果で終わる	早急に決断する	迅速に次の段階へと物事を進める
780	力が抜けない	全力で取り組む	人生と真剣に向き合う
781	工夫にこだわりすぎて目標の達成が遅れる	学び方を工夫する	自分に適した学び方を把握する
782	でしゃばる	目立ちたがる	目立つ場で最高のパフォーマンスを出す
783	自分に確信がもてない	困ったときに人に相談する	他者の視点を考慮する
784	理想が高すぎて達成に至らない	理想を高く掲げながら動く	向上心を糧にして行動する
785	間違いを起こすと過度に落ち込む	物事が正しく行われているか確認する	間違いを起こさないように注意して取り組む
786	興味のないことや苦手なことは一切やらない	強みの発揮を意識した行動をとる	強みを使って大きな成果を出す
787	懐疑的になる	危険性を予測して対応に備える	常にリスクヘッジをする
788	強い欠乏感を抱き続ける	より良い方法を模索する	どこまでも高い成果を追い求める
789	解決方法があることに気づかない	不穏な状況にも向き合う	どんな状況も打破する
790	饒舌すぎて軽薄に見られる	流暢に話す	わかりやすく伝達する
791	考えに集中し周りが見えなくなる	自分と対話する	自分の本心を整理する
792	生産性ばかり重視してゆとりを持たない	生み出した時間を別の目標達成のために使う	時間の効率化を図る
793	中立的な判断にこだわり自分の本心と対立する	人を主観で判断しない	中立的な立場で相手のありのままを見る
794	気が合う人以外とは連絡をとらない	自分から気が合う仲間と会う約束をする	フィーリングが合う人と関係を構築する
795	これまでのしきたりを壊す	既存の手順を変える	ダイナミックな変化を起こす
796	過去のつらい体験に同情する	相手の過去の歴史を深く知ろうとする	相手のこれまでの人生に敬意を払う
797	人の要求に振り回される	人や組織に適応する	環境に適応する
798	変化がないと飽きる	より効率的な方法で実行する	やり方を柔軟に変えて効率的に進める
799	ハードルが低いと感じると取り組まない	高い障壁を突破する	より高い成果を出し続ける
800	ある程度学んだら飽きる	知らないことを学ぶ	心の底から湧き上がる純粋な思いを大切にする
801	判断基準がないと悩み続ける	判断基準を明確にして決断する	じっくり検討して決断する
802	深い知識を身につけない	新しい情報ばかり探す	最先端の知識を身につける
803	思考重視の人を戸惑わせる	相手に行動の重要性を伝える	相手を迅速な行動へとつなげる
804	浮世離れしている	人生をゲームと捉えながら生活する	物事の本質を見極めて理解する
805	大人数だと発言しない	少人数の場で本音を語る	気を許せる人に自己開示する

	短所	才能	長所
806	マニュアルがないと動かない	マニュアル通りに物事を進める	ルールにしたがって確実に物事を進める
807	ルールを守らない	どんな状況にも合わせて対応する	柔軟に動く
808	壮大な検証となり膨大な時間をかける	過去の文化を検証する	文化を高めていく
809	勝つことだけを目的とする	勝つために努力する	人より秀でる
810	無理やり参加を促す	好奇心をもって学べるよう計画する	相手が成長する機会を作る
811	目に見える成果にこだわる	自分が行った結果を可視化して評価する	結果を定性的および定量的にとらえる
812	他人のペースを乱す	スピードを意識して行動する	物事の進捗を早める
813	周囲に対して融通を利かせない	自分が大切にしている価値観をもとに行動する	自分を大切にする
814	気まぐれで動く	そのときの気分で行動する	自分の気持ちを大切にする
815	馴れ馴れしい	新しい環境であっても誰とでも仲良くする	新鮮さを保ちながら周囲と親和する
816	当たり障りのないルールしか策定しない	周囲の意見を取り入れながらルールを策定する	周囲が納得するルールを作る
817	目標達成を阻害する人間関係は切り捨てる	目標達成に集中する	無駄に時間を使わず目標を達成する
818	即座に言語化しない	自他ともにしっくりくる言葉を探す	ていねいに言葉を検討する
819	勝つことにこだわり目的を見失う	No.1を目指して取り組む	勝利してNo.1になるためにとことん努力する
820	口やかましく思われる	人の短所にフォーカスする	相手の伸びしろを発見する
821	停滞している状況を受け入れずに決断する	何を始めるかを即決する	常に前進し続ける
822	情報量が多すぎて混乱を来す	一度にたくさんの物事を考える	多くの情報量を脳内処理する
823	納得するまでアウトプットしない	クオリティの高いアウトプットをする	相手の求めるレベル以上の成果を提供する
824	屁理屈を並べる	相手の意見に対して別の角度から意見を言う	相手と認識のズレを防ぐため互角に話し合う
825	あとになって被害者意識をもつ	自分の損得を無視した行動をとる	人のために無条件で奉仕する
826	物事の重要性を認識していない	ゆっくりと落ち着いた態度をとる	状況に安定感をもたらす
827	平穏な状況を壊す	新しい環境に飛び込む	新しい環境にも速やかに適応する
828	メンバーのタスクを増やし続ける	同時に複数の提案をしながらチームの指揮をとる	プロジェクトを成功させる
829	意思決定が遅い	慎重に検討する	確実性の高い行動をとる
830	十分な反省をしない	過去にこだわらず未来に思いを馳せる	未来を思い描きながら行動に移す
831	周りから冷たい人だと思われる	トラブルの際にルールに沿って対応する	ルールをもとに中立な立場を守る
832	大げさな文章表現をする	情緒的な文章を書く	文章で人の心を動かす
833	完璧を求めすぎて共有が遅れる	完全に終わらせてから共有する	質の高いものを提供する
834	物事を途中で終わらせる	好奇心にしたがって行動する	素早く物事を判断し行動する
835	時間を確保したことに安心して無駄なことを考え続ける	思考に時間を使うためまとまった時間を確保する	意識的に内省の時間をとり思考を整理する
836	モチベーションばかりに着目する	どうすれば相手のモチベーションが上がるか理解する	相手のやる気を引き出しながら前進させる
837	プライベートを犠牲にする	求められている以上の対応をする	クオリティの高いものを量産する
838	相手の思考や行動パターンを一方的に決めつける	相手の過去の経験から一定のパターンを見出す	相手の成功や失敗のパターンに気づいて伝える
839	風変わりなスピリチュアル系の人だと思われる	見えない世界とのつながりを感じる	壮大な視点から本質をとらえる
840	乱れた環境下では気持ちを整えられない	散乱した状態を整理する	秩序を保った状態に整える

	短所	才能	長所
841	「自分も急かされている」と誤解される	素早くレスポンスする	人を待たせず迅速に対応する
842	相手に期待しすぎる	組織における個人の重要性を相手に伝える	役割意識を持てるようサポートする
843	相手が催促されているように感じる	相手に予定をリマインドする	物事を滞りなく推進する
844	無理やり意見の共通点を見つけ正解をこじつける	複数人から情報収集して正確性を高める	さまざまな意見から正確な情報を割り出す
845	資料を増やし続ける	学んだことを書き出す	可視化して思考を整理する
846	方向性がブレている人を否定する	人を正しい方向に導くよう説得する	良識ある発言をする
847	疑り深い	複数のエビデンスから結論を出す	確証のある答えを導き出す
848	会話に集中しない	脱線した話をもとに戻す	本筋から逸れた人を軌道修正する
849	混沌とした状態になる	いつか使うかもしれないと物を大事に保管する	形あるものを大切にする
850	興味のないことにはまったく感心を示さない	興味のあることを気が済むまで調べる	物事を突き詰めて考える
851	他人が基準となり自分の思いがわからなくなる	人の喜びを自分のことのように一緒に喜ぶ	喜びを他者と分かち合う
852	オリジナリティに欠ける	折衷案を提案する	議論の着地点を定める
853	相手に気を取られ自分の成長に気づかない	人の変化に気づく	人の変化を敏感に察知する
854	早々に見切りをつける	相手に多くを求めずに接する	相手に過剰な期待をせずに接する
855	成功を重視しすぎる	最速で成功のプロセスを歩むための時間を取る	納得できる戦略を立てることに時間を使う
856	仮定の話だけで終える	これから流行りそうなものを考える	流行に先駆けたアイデアを提案する
857	決められたようにしか動けない	目的を整理する	本質的な行動をとる
858	勝手に憶測をして決めつける	相手がどのように考えているか推測する	相手の感情や思いを察する
859	最短を意識しすぎて決断が遅れる	確実に成果を出す方法を洗い出す	効率的にゴールにたどり着く
860	相手にとって不要な情報まで提供する	多種多様な情報から役立つ情報を選別する	情報から有用な知識を抽出する
861	誘われるがままに参加しすぎて疲弊する	誘いに対しフットワーク軽く行動する	いろいろな場に足を運び人脈を広げる
862	ギリギリまで取り組まない	遅れを取り戻す	物事の進捗を調整する
863	本来の自分を見失う	相手に合わせてキャラクターを変える	相手に合わせたコミュニケーションをとる
864	周囲と合わせずマイペースに動く	自分のペースで効率的に動く	秩序を保ちながら生産性を上げる
865	マルチタスクになる	何にでもまずは挑戦する	経験値を高める
866	0→1のアイデアを生み出せない	物事の経緯を知る	経緯を自分の中に落とし込んで行動に移す
867	仕事を抱えすぎる	精力的に働く	たくさんの仕事を完了する
868	人に感謝を強要する	感謝を求めて努力する	惜しみなく人に貢献する
869	手段を実行すること自体を目的化する	考えを素早く行動に移す	現実化を加速させる
870	こだわりのあることにしか力を注がない	物事にこだわって取り組む	基準以上の成果を出す
871	関わることの危険性を考慮しない	見知らぬ人にも助け舟を出す	一人一人を尊重した態度をとる
872	自分の戦略が正しいと思い込む	複数の手段の中から最適解を選ぶ	最適な方法に絞って実行する
873	相手になかなか気づかれない	人の気持ちに寄り添った行動をとる	相手との心理的距離を縮める
874	成功か失敗かだけで判断する	成果を明確に把握し確実に行動する	成功か失敗かが明確な目標を立てる
875	人と異なることに固執する	最先端のサービスを開発する	新しい価値を創造する

	短所	才能	長所
876	大胆な行動をとらない	良い結果が出ても過剰に喜ばず謙虚に歩む	感情の波に飲み込まれず冷静に対応する
877	発展につながる行動をとらない	ラクな方法を考える	効率の良い方法を見つける
878	尊敬できない人とは距離を置く	身近な人を尊重しながらより良い関係性を築く	尊敬できる友人と信頼関係を築く
879	単なる妄想で終わる	相手の思いを酌み取る	相手を深く理解する
880	自分を粗末に扱う	相手の気持ちを優先する	相手の気持ちに寄り添う
881	終わりそうにないことは初めから取り組まない	何に取り組むかの戦略を立てる	取り組みを必ず終わらせる
882	過剰に仕事を依頼される	人からお願いされた仕事は最後までやり切る	責任を持って対応する
883	参加しすぎてお金を浪費する	大人数が集う場に積極的に参加する	見聞から多くの情報を得る
884	一人一人の状態に意識がいかない	たくさんの人がいる場で良い雰囲気をつくる	全体をより良い雰囲気に変える
885	一度決まったやり方をなかなか変えない	同じことを繰り返し行う	一貫性を保つ
886	すべてを過剰に背負って潰れる	結果に対する責任を負う	責任転嫁せずに引き受ける
887	勝てそうにない相手との対決は最初から諦める	相手の実力を見極めて勝負に挑む	ライバルがいるとより成果を出す
888	ラクな作業ばかり選択する	細かいことは考えず楽観的に行動する	その場その場の雰囲気を大切にしながら進む
889	不確実なままでもタスク重視で物事を進める	早急にタスクをこなす	目標に最速で到達する
890	ゴールが定まらないと考えが浮かばない	目標達成のルートを検討する	ゴールに向かうために的を絞った考えを導き出す
891	嫌なことや問題から目を逸らす	一日の良かった出来事に着目する	数日で気力を回復させる
892	周囲に発想を受け入れられない	ユーモアのある発想をする	独創的な提案をする
893	個人の生産性が落ちる	大勢の人々と一緒にチームを組む	協力体制を作る
894	自己満足のアウトプットに終わる	毎日必ず何らかのアウトプットをする	1つ1つ確実に変化を起こす
895	無理な目標を公言して自分を苦しめる	有言実行する	夢や目標を公言して着実に行動に移す
896	やってきたことを振り返る余裕がなく常に焦る	できるだけ多くのことをこなす	次々にタスクを終わらせる
897	理想との差に自信を失う	理念をもって行動する	高い理想を追求する
898	業績に直結しない部分に時間を費やす	自分が躓いた経験をもとに指導する	相手の不安を和らげ前進させる
899	言わなくてよいことまで言う	率直な意見を伝え議論する	裏表のないディスカッションをする
900	常識知らずだと差別される	一般常識と異なる道を歩む人に寛容な態度をとる	マイノリティを受け入れる
901	将来を悲観する	ネガティブな未来を予測して考える	危機的状況を予見したうえで将来を検討する
902	人のあら探しをする	相手の性格的な問題を特定する	より良い人格になるよう導く
903	具体的な方法論を考えない	本質に基づいて考える	目的を見失わずに考える
904	一様性をおろそかにする	一人一人の個性の違いに気づく	多様性を大事にする
905	人の気持ちを無視する	遠慮せず意見を言う	忌憚なく考えを述べる
906	共感を求めない	反論されても独自の意見を貫く	明確な信念を持つ
907	臨機応変な対応をしない	物事を均一化する	一定のスタンスを保つ
908	気恥ずかしい表現をする	美しい言葉をチョイスする	言葉で人に感動を与える
909	ゆとりを持たない	細部まで妥協せず取り組む	完璧に取り組む
910	短時間でより良い解決策を見いだす	問題点に気づく	問題解決に取り組む

	短所	才能	長所
911	確実性がない	明るい理想の未来を伝える	不確実な状況でも安心感を与える
912	行動をモチベーションのみに頼る	パフォーマンスを向上させる方法を見つける	生産的に取り組み続ける工夫をする
913	上から目線になる	相手の成長した部分を伝える	相手の変化を惜しみなく伝える
914	感情の起伏が激しく周囲に気をつかわせる	喜怒哀楽を自由に表現する	感情の動きを周囲にわかりやすく伝える
915	間違っていても否定しない	相手の本音を酌み取る	相手をリラックスさせながら素を引き出す
916	客観性に欠けるため判断を見誤る可能性がある	自身で決断する	後悔のない選択をする
917	他者の発言の機会を奪う	場を仕切って語る	場を盛り上げる
918	無理やりこじつける	物事の関連性を見つける	物事に規則性を見いだす
919	事実を歪める	事実を物語風に演出する	相手の興味を惹きつける
920	期日を守ることを重視し目的を忘れる	期日を必ず守る	できない言い訳はせずに実直に取り組む
921	意図しない方向に進んでいるのに対応しない	確実性がないことを受け入れる	不確実なことにも落ち着いて対応する
922	思考が分散して方向性を定められない	問題解決の方法を考える	いくつもの解決策を考える
923	勝てない勝負を避ける	毎回勝とうとする	戦略的に勝利する
924	大事に扱われていないと思われる	広く浅く付き合う	深入りせず適度な距離感を保つ
925	手段を考えるが実行しない	描いた未来を実現する手段を洗い出す	描いた未来を実現するための行動を逆算する
926	弱点ばかりに注目する	できていない部分を明らかにする	物事の停滞を防ぎスムーズに進める
927	人に任せられない	与えられた仕事を最後までやり切る	諦めずに取り組む
928	単調な毎日になる	日常生活を簡素化してやるべきことに注力する	自分がやりたいことに集中する環境を作りだす
929	理屈で片づける	事実を冷静に述べる	感情に囚われずに自分の意見をフラットに述べる
930	見方が偏る	自分にとって最適な人を選別する	自分の目で人を見極める
931	共感力に欠ける	相手の感情に振り回されず対応する	相手の感情に一喜一憂せず振る舞う
932	注目されないとモチベーションが下がる	本番で自分の強みを活かし人を魅了する	人に注目される舞台があると力を発揮する
933	怖い印象を与える	本音で議論をする	思いを包み隠さず伝え真実を導き出す
934	相手の意見を封じ込める	自分の意見を主張する	アサーティブに伝える
935	予定が変更されると計画を立てた時間が無駄になる	効率よく動けるようスケジュールを組み立てる	時間を有効活用する
936	人に利用される	人を裏切らないよう真摯な態度で接する	信用を得られるよう誠実に行動する
937	リスク除去ばかり考える	潜在的なリスクを洗い出し情報を吟味する	物事を安全に進める
938	仕事をおざなりにする	社会人学生として活動する	何歳からでも学ぶ姿勢を持つ
939	相手を束縛する	相手の言動に対しダメ出しをする	相手をより良い方向に導く
940	相手の機嫌をうかがう	相手の意見に賛同する	相手が意見しやすい環境を整える
941	予定や計画が決まらないと動かない	期限を守る	計画通りに進める
942	縁起の良い日にこだわりすぎてスタートが遅れる	縁起の良い日に気づく	縁起の良い日取りを提案する
943	一貫性を保てない	さまざまな価値観を理解する	どんな価値観でも受容する
944	周りに意識が向かず無関心に見られる	相手との会話中に別のことを考える	思考を早く切り替える
945	勝敗に囚われる	勝負に果敢に挑戦する	自分のパフォーマンスを向上させる

	短所	才能	長所
946	自分を過剰に律する	自分の欠点を見つけて修正する	自分の欠点を素直に認めて改善する
947	結果が出るかどうかを気にしない	1つ1つていねいに学ぶ	学習のプロセスを味わう
948	気が変わっても無理にやり遂げる	一度始めたことを最後までやりきる	物事を中途半端な状態で終わらせずに完了する
949	気を許した人としか仲良くしない	自分にとって必要な人とだけ付き合う	自分にとって必要な人を選び出す
950	時に非道となる	目標を達成するためなら手段を選ばない	あらゆる可能性を模索して実行に移す
951	説得力に欠ける	相手が気づいていない小さな変化を伝える	相手よりも早く成長を察知する
952	多くの資料であふれる	後で役立ちそうな資料をストックする	情報を豊富にもつ
953	余計なおせっかいだと思われる	落ち込んでいる人に声をかける	相手の心をなぐさめる
954	後先を考えない	たくさんの予定を入れる	日常の充実化を図る
955	他者と一緒にいる時間を持たない	一人でいる時間を思考に費やす	一人の時間を楽しむ
956	仲間に甘くなる	職場での仲間意識が強い	ビジネスライクにならず関係性を深める
957	場当たり的に対応する	話すことがなくても指名された瞬間に話し出す	アドリブで対応する
958	詳細を考慮せずに話す	要約する	簡潔にする
959	相手に圧をかける	人の背中を押す	周りの人を巻き込んで行動する
960	成果のクオリティが落ちる	グループが一丸となって取り組む工夫をする	グループに一体感を持たせる
961	一度つけた優先順位に固執する	優先順位をつける	課題を明確にして効率よく物事を遂行する
962	今の状況をないがしろにする	今後起こりうるさまざまなパターンを予想する	先手を打って対応する
963	体力の限界を超えて相手に尽くす	感謝を得るために最大限のサポートをする	絶大な信頼を得る
964	相手の考える力を奪う	失敗を責めずに次へとつなげる方法を伝える	失敗を糧に成長へと導く
965	他人の注目を集めることに固執する	相手の要求以上に応える	相手の期待値を超えた活動をする
966	歴史をひもとくまで相当な時間をかける	語り継がれている話の本質を探る	伝統を継承する
967	個々の関係性を深めるまでに至らない	誰にでも公平に接する	物事を平等に考える
968	弁明ばかりする	意思決定の背後にある根拠を説明する	物事が起きた背景や理由を説明し安心感を与える
969	古い付き合いの人から嫉妬をかう	積極的に新しい人と知り合う	出会いによって新鮮な気持ちを保つ
970	自分の考え方が基準で客観性に欠ける	過去の行いが適切だったかを自分なりに振り返る	物事の妥当性を検証する
971	全体像を確認せずに安易に引き受ける	依頼事項を快く引き受ける	多数の物事を完了する
972	新たな気づきがないと自分を責める	一日に1つ以上は何かを学ぶ	向上意欲を持って行動する
973	持論を押しつける	他者からの質問に自分の考えを含めた回答をする	相手の視野を広げる手伝いを担う
974	相手の善意を素直に受け取らない	相手の褒め言葉に対し謙遜する	相手の言うことを鵜呑みにせず研鑽する
975	自分の考えに固執する	自分軸を持つ	譲れない価値観を持つ
976	不条理でも我慢する	相手の要求に応える	相手の期待に応える
977	唐突すぎて驚かれる	相手の日ごろの活躍をねぎらう	相手の心を癒やす
978	他の人から誘われなくなる	仲の良い人と濃密な時間を過ごす	相手を慈しみ大切にする
979	反動で感情がある日突然爆発する	物事を辛抱する	我慢強く乗り越える
980	情報集めが目的になる	さまざまな具体例を収集し未来に備える	いろいろな具体例を活用しリスクヘッジをする

	短所	才能	長所
981	自分と相手との心理的境界線がなくなる	相手の考え方を把握する	相手の世界観を理解する
982	話さなくてよい内容まで話す	自分のネガティブな思いを吐露する	自分のストレスを発散させる
983	自分の強みが伸ばせないと感じると挑戦しない	楽しみながら強みを伸ばす	自分の強みを伸ばす工夫をする
984	相手の自立を奪う	相手の作業を代行する	相手の負担を減らす行動をとる
985	相手を過大評価する	人に期待して物事を依頼をする	人の可能性を信じて任せる
986	検討に時間をかけすぎる	決断に納得して行動する	迷いなく行動する
987	考えるだけで動き出さない	考えを構造化する	体系立てて人に伝える
988	言い訳がましい	誤解されないよう自分の行動の理由を説明する	行動原理を正確に共有する
989	十分な反省をしない	怒られてもすぐに忘れる	おおらかに構える
990	没頭しすぎて他の約束を忘れる	学習に没頭する	集中して豊富な知識を吸収する
991	結果を考えずにむやみに行動する	先陣を切って行動する	周囲の手本となるよう行動する
992	データにこだわり注目すべきことを忘れる	日々の歩みを測定する仕組みを作る	成果を目視で測定しながら進捗を図る
993	我慢しすぎて突然感情を爆発させる	対立した人間関係を調整する	人間関係を調和へと導く
994	具体性を見失う	複雑なものをまとめる	シンプルに整理する
995	自分の基準だけで人を選ぶ	集団の中から気の合いそうな人を瞬時に見つける	全体を俯瞰する
996	苦手なことでも無理に乗り越えさせようとする	弱点克服をサポートする	粘り強く育成する
997	こだわりが強すぎて譲らない	圧倒的なクオリティの成果物を提供する	最上級を目指して洗練させる
998	本来の予定を後回しにする	急な誘いや依頼を受け入れる	物事に柔軟に対応する
999	互いが打ち解けるまでに時間がかかる	知らない人同士をチームに入れて仲間にする	新しい出会いの場を用意する
1000	会話のテンポが落ちる	熟慮して発言する	言葉と言葉の間の趣を大切にする

▶「才能の具体例1000リスト」の
持ち歩きスマホ用データ
無料ダウンロードはこちら

【注意事項】■スマートフォン対象（一部の機種ではご利用いただけない場合があります）。■パケット通信料を含む通信費用はお客様のご負担になります。■第三者やSNSなどネット上での転載・再配布は固くお断りいたします。■やむを得ない事情により予告なく公開を終了する場合があります。■本データは株式会社ジコリカイが提供しています。株式会社KADOKAWAではデータのダウンロード・使用方法等についてはお答えできません。■ご利用端末やOSに関連する詳細な操作手順につきましては、個別にご案内することができません。

【お問い合わせ】株式会社ジコリカイ　info@jikorikai.com

才能を「見つける→活かす→育てる」300の質問

巻末特典 3

才能を見つける100の質問

▽ 才能を直接見つける25の質問

1	何をしているとワクワクする?
2	何をしていると安心する?
3	どんなことならゆっくり待てる?
4	自分らしいと感じる行動は?
5	性格は外向的? 内向的? 行動パターンは?
6	自分のどこが好き?
7	人から言われて嬉しかったことは?
8	子供の頃から得意なことは?
9	人に「もっと○○すればいいのに」と思うことは?
10	どんなことだとやる気が出る?
11	「こんな人にだけは絶対になりたくない」と思う人は?
12	子供の頃、どんなことにワクワクしていた?
13	おせっかいをやいてしまうことは?
14	充実感がある作業は?
15	ていねいに取り組む作業は?
16	(ちょっとだけ)自慢できることは?
17	「昔から変わっていない」と感じることは?
18	どんなログセがある?
19	自己満足で行っている行動は?
20	親しくない人と接するときに無意識にしてしまうことは?
21	親しい人と接するときに無意識にしてしまうことは?
22	複数の仲間がいる中で無意識にしてしまうことは?
23	会議などの議論で無意識にしてしまうことは?
24	学生時代、苦痛なく続けられた行動は?
25	得意だった教科は? 得意な理由は?

才能を見つける100の質問

▽ 才能を短所から見つける25の質問

1	自他ともに認める短所は？
2	どんな状況だとやる気をなくす？
3	疲労感が残る作業は？
4	自分に対して後悔する行動は？
5	どんな状況にイライラする？
6	どんな場面で頭が真っ白になる？
7	こだわらなくてよいのにこだわることは？
8	どんな行動を取って失敗しやすい？
9	仕事でストレスを感じる活動は？
10	仕事で時間の経過が遅く感じる作業は？
11	仕事の進捗が遅いときの行動パターンは？
12	仕事で成果が出ないときの行動パターンは？
13	仕事でもっとも反感をかったことは？
14	仕事仲間に対しどんな短所が出やすい？
15	チームや組織でどんな短所が出やすい？
16	仕事における人生最大の失敗は？
17	プライベートでストレスを感じる活動は？
18	プライベートで時間の経過が遅く感じる作業は？
19	プライベートで進捗が遅いときの行動パターンは？
20	プライベートで成果が出ないときの行動パターンは？
21	プライベートで周囲からもっとも反感をかったことは？
22	プライベートにおける人生最大の失敗は？
23	家族やパートナーに対しどんな短所が出やすい？
24	友人や仲間に対しどんな短所が出やすい？
25	金銭管理における短所は？

▽ 才能を長所から見つける25の質問

1	過去で一番他人に貢献した出来事は？
2	頑張っていないのに褒められることは？
3	人に驚かれることは？
4	日常で人から感謝されることは？
5	どんな頼み事をされやすい？
6	どんなときに落ち着いて行動できる？
7	目標達成で意識する行動は？
8	挑戦するときに意識する行動は？
9	仕事でストレスフリーな作業は？
10	仕事で時間の経過が早く感じる作業は？
11	仕事の進捗が早いときの行動パターンは？
12	仕事で成果が出るときの行動パターンは？
13	仕事でもっとも称賛を受けたことは？
14	仕事仲間に対しどんな長所が出やすい？
15	チームや組織でどんな長所が出やすい？
16	仕事に関する人生最大の成功は？
17	プライベートでストレスフリーな作業は？
18	プライベートで時間の経過が早く感じる作業は？
19	プライベートで進捗が早いときの行動パターンは？
20	プライベートで成果が出るときの行動パターンは？
21	プライベートで周囲からもっとも称賛を受けたことは？
22	プライベートでの人生最大の成功は？
23	家族やパートナーに対しどんな長所が出やすい？
24	友人や仲間に対しどんな長所が出やすい？
25	金銭管理における長所は？

才能を見つける100の質問

▽ 才能を他人に聞く25の質問(切り口)

1	私の強みをひと言で言うと?
2	私がイキイキするのはどんなとき?
3	私がリラックスしているのはどんなとき?
4	私がストレスフリーでしていることは?
5	「あなたらしい」と感じることは?
6	私の好きなところは?
7	私の行動で驚くことは?
8	私と性格が似ている人は?
9	私と行動パターンが似ている人は?
10	私がログセのように言っている言葉は?
11	私はどんな仕草が多い?
12	私は初めて会ったときと今では何が違う?
13	(ドラマやマンガなど)性格が似ているキャラクターは?
14	私の性格を動物にたとえると?
15	私の性格を色で表すと?
16	私の特徴を家具や文房具で表すと?
17	私の特徴を架空の生き物にたとえると?
18	私の特徴を「(ハキハキ、ポカポカなど)連続した言葉」で表すと?
19	「あなたらしくない」と感じるのはどんなとき?
20	私はどんなことでやる気をなくす?
21	私はどんなことにイライラしがち?
22	私はどんなことにこだわりをもっていそう?
23	私が仕事で直したほうがよいことは?
24	私が人間関係で直したほうがよいことは?
25	私が人生全般で改善の必要があることは?

才能を活かす100の質問

〈長所を活かす〉

▽「クラフト法」を実践する20の質問

1	負けパターンは？ そこからわかる短所は？
2	勝ちパターンは？ そこからわかる長所は？
3	学ぶとき「広く浅く」？ 「狭く深く」？ 学習スタイルの短所は？
4	スムーズに学習できたときどんな長所を使っていた？
5	学ぶ気が失せたときどんな工夫をするとよい？
6	やる気が出ないのはどんな過ごし方をしているとき？
7	やる気が出ていたときはどんな長所を使っていた？
8	やる気が出ないときはどんな工夫をするとよい？
9	仕事は質と量、どちらを重視？ ワークスタイルの短所は？
10	仕事で高い成果を出したときどんな長所を使っていた？
11	仕事の成果が出ないときどんな工夫をするとよい？
12	仕事はスピードを重視する？ しない？ ワークスタイルの短所は？
13	仕事の進捗が早いときどんな長所を使っていた？
14	仕事の進捗が遅いときどんな工夫をするとよい？
15	気分が沈んでいるときの行動パターンは？
16	前向きに取り組めていたとき、どんな長所を使っていた？
17	気分が沈んでいるとき、どんなやり方をするとうまくいく？
18	物事がうまく進まないとき、どんなことを考えやすい？
19	どの時間軸（過去・現在・未来）について考えるとストレスが少ない？
20	物事がうまく進まないとき、どんな工夫をするとよい？

〈長所を活かす〉

▽「環境移動法」を実践する20の質問

1	どんな環境だと仕事が順調に進む？
2	どんな環境だと趣味で充実感がある？
3	一番の充実体験はどんな環境だった？
4	一番の成功体験はどんな環境だった？
5	どんな人と一緒にいるとリラックスできる？
6	どんな場所だとリラックスできる？
7	どんな環境だと集中して取り組める？
8	どんな環境だとやる気が出る？
9	どんな環境だとアイデアが閃きやすい？
10	どんな環境だと人を喜ばせられる？
11	最近、充実感があったときはどんな環境だった？
12	協力してうまくいったときはどんな環境だった？
13	部活やサークルで努力が実ったときはどんな環境だった？
14	勉強で努力が実ったときはどんな環境だった？
15	どんな環境だと気分や体調が良い？
16	どんな環境だと気分や体調が悪い？
17	今後、人にどう評価されたい？ そのためには長所をどんな環境で活かす？
18	どんな環境だと積極的に才能を使おうと思える？
19	一番、長所が活きる環境はどんな環境？
20	他人に貢献できる最大の長所は？

〈短所をカバーする〉

▽「手放し法」を実践する20の質問

1	やっていて不満な作業や活動は？
2	作業や活動が不満な理由は？
3	不満な作業や活動からわかる自分の短所は？
4	不満な作業や活動を続けなければならない理由は？
5	不満な行動をやめる方法は？
6	どんな工夫をすると不満が減る？
7	作業や活動に満足感をもたらすアイデアをくれる人は誰？
8	作業や活動に満足感をもたらすアイデアをくれるものは何？
9	不満に感じる行動をやめると自分や他人にどんなメリットがある？
10	不満に感じる行動を続けると自分や他人にどんなデメリットがある？
11	仕事の成果につながらない作業や活動は？
12	作業や活動が仕事の成果につながらない理由は？
13	仕事の成果につながらない作業や活動からわかる自分の短所は？
14	仕事の成果につながらない作業や活動を続けなければならない理由は？
15	仕事の成果につながらない行動をやめる方法は？
16	どんな工夫をすると作業や活動に対して無駄な時間が減る？
17	仕事の成果につなげるアイデアをくれる人は誰？
18	仕事の成果につなげるためにアイデアをもたらすものは何？
19	仕事の成果につながらない行動をやめると自分や他人にどんなメリットがある？
20	仕事の成果につながらない行動を続けると自分や他人にどんなデメリットがある？

才能を活かす100の質問

〈短所をカバーする〉

▽「仕組み法」を実践する20の質問

1	似た短所を持っている人は、どんな方法で対処している?
2	あなたの短所をカバーする「便利ツール」はある?
3	短所をカバーする行動を、習慣化することはできる?
4	短所が出ない環境をつくることはできる?
5	あなたが時間をかけたくないことを、お金を払えばカバーしてくれる方法はある?
6	短所をカバーする「機械」を導入することはできる?
7	「○○　やらない方法」と検索してみた?
8	「○○　なくす方法」と検索してみた?
9	「○○　したくない」と検索してみた?
10	「○○　代行」と検索してみた?
11	時間管理の悩みを解決する仕組みは何?
12	時間管理の悩みを持つ他の人はどんな仕組みを使っている?
13	整理整頓の悩みを解決する仕組みは何?
14	整理整頓の悩みを持つ他の人はどんな仕組みを使っている?
15	思考整理の悩みを解決する仕組みは何?
16	思考整理の悩みを持つ他の人はどんな仕組みを使っている?
17	目標達成の悩みを解決する仕組みは何?
18	目標達成の悩みを持つ他の人はどんな仕組みを使っている?
19	金銭管理の悩みを解決する仕組みは何?
20	金銭管理の悩みを持つ他の人はどんな仕組みを使っている?

〈短所をカバーする〉

▽「人頼り法」を実践する20の質問

1	人に頼りたいのはどんなとき？
2	喜んで引き受けてくれる人がいたらどんな作業を頼む？
3	どんな人だと頼みやすい？
4	頼れそうな人3人を思い浮かべてください。その人たちそれぞれの才能は？
5	苦手な作業を楽しそうに行ってくれそうな人は誰？
6	苦手な作業を効率的に行ってくれそうな人は誰？
7	苦手な作業を頼むのにもっとも適任な人は誰？
8	思いつかないアイデアをくれるのは誰？
9	これまで助けてもらえたのはどんな組織やグループ？
10	人に任せたら、1週間でどれくらいの時間を確保できそう？
11	過去に乗り越えたものの非常に効率が悪かった経験は？
12	過去に一人で何とかしようとして失敗した経験は？
13	過去に苦手なことを誰がどんな形で助けてくれた？
14	人に任せることで得られるメリットは？
15	人に任せないことで生じるデメリットは？
16	苦手な作業を任せるとしたら何％まで任せる？
17	頼み事をするのが上手な人は誰？ その人はどんなお願いの仕方をしている？
18	どんなタイミングで頼むと受け入れてもらえそう？
19	どんな切り口でお願いするとうまくいきそう？
20	どんな態度で接するとスムーズに引き受けてくれそう？

▽ 強みの「ロールモデル」を見つける30の質問

1	どんな人に嫉妬する？ 理由は？ その人と共通する才能は？
2	性格が似ている著名人は？ その人と共通する才能は？
3	性格が似ている知人は？ その人と共通する才能は？
4	キャラクターが似ているアニメなどの登場人物は？ そのキャラと共通する才能は？
5	尊敬している著名人(偉人)は？ その人と共通する才能は？
6	尊敬している知り合いは？ その人と共通する才能は？
7	才能を取り入れたいと思う身近な人は？ その人のどんな才能を取り入れる？
8	真似できないけど才能を取り入れたい人は？ その人のどんな才能を取り入れる？
9	身近で頼りにしている人は？ その人と共通する才能は？
10	一緒にいて居心地が良い人は？ その人と共通する才能は？
11	同じテーマで話が盛り上がる人は？ その人と共通する才能は？
12	誰に共感することが多い？ その人と共通する才能は？
13	一緒にいると安心する人は？ その人と共通する才能は？
14	一緒にいると楽しい人は？ その人と共通する才能は？
15	一緒にいると刺激を受ける人は？ その人と共通する才能は？
16	SNSを見て励まされる人は？ その人と共通する才能は？
17	出会えてよかった人は？ その人と共通する才能は？
18	どんなグループに属していることが多い？ その人たちと共通する才能は？
19	長く一緒にいる(いた)人は？ その人と共通する才能は？
20	フィーリングが合う人は？ その人と共通する才能は？
21	学び合える人は？ その人と共通する才能は？
22	これまで付き合ってきた人たちはどんな人が多い？ その人たちと共通する才能は？
23	自分と似ている家族・親戚は？ その人と共通する才能は？
24	一緒に仕事をしたい人は？ その人と共通する才能は？
25	シェアハウスに住むとしたら誰と住む？ その人と共通する才能は？
26	互いに補い合える人は？ その人と共通する才能は？
27	一番影響を受けた作品(本、ドラマ、映画)は？ その制作者との共通点は？
28	人生の転機を与えてくれた人は？ その人と共通する才能は？
29	父親と母親それぞれの才能は？
30	これまで影響を受けた人3人は？ それぞれの人と共通する才能は？

▽ 他人に「アドバイス」を求める30の質問

1	これからやったほうがよいと思う活動は?
2	どんなときに居てくれたらよいと思う?
3	組織やグループ内でどんな役割を果たしている?
4	今後、組織やグループ内でどんな役割を果たせばよい?
5	私からの助言で最も参考になったものは?
6	自分はできないけど私にはできているところは?
7	どんな職業が合っていると思う?
8	頼み事をするとしたら何を頼みたい?
9	どんなスキルを磨けばよい?
10	人にどんな良い影響を与えている?
11	これからどんな活躍をしそう?
12	人は私に対しどんな褒め言葉を言ってくれていた?
13	今までで一番、助かったことは?
14	人からどんな頼み事をされていそう?
15	なにがしかの大きなイベントが開催されるとしたらどんな担当が合ってる?
16	人生でどんなことを大切にしていそう?
17	「よく続けられるよね」と感心するところは?
18	快く引き受けそうな作業は?
19	性格は外向的? 内向的? どんな行動を取りがち?
20	どうやって悩みを解決していそう?
21	私らしさがにじみ出ていると感じた一番の思い出は?
22	どんなチャンスがありそう? チャンスをつかむために何をすればよい?
23	どんなことを熱く語っている? どのように活かせばよいと思う?
24	今やっている活動(仕事・コミュニティなど)で一番強みを活かせている活動は何?
25	学生時代はどんなことが得意科目だったと思う?
26	私の強みをどんな悩みをもつ人に活かせばよい?
27	どんな環境だと積極的に強みを表現できている?
28	他人に貢献できる最大の強みは?
29	どんなことに詳しいと思う? どのように活かせばよいと思う?
30	潜在的な強みは?

▽「好きなこと」を探求する40の質問

1	趣味は？
2	絶対に成功する保証があるとしたらどんなジャンルで活躍する？
3	最新の知識を1つだけ習得できるとしたら何を学ぶ？
4	世界中の人がスピーチに耳を傾けてくれるとしたらどんなテーマを語る？
5	本を出版するとしたらどんなテーマを扱う？
6	興味があってもっと知りたいと感じることは？
7	世界中の人が応援してくれるならどんな活動をしたい？
8	どんなアイデアを思いつきやすい？
9	どんな知識を得たときに感動した？
10	意識的に集めている知識は？
11	これまで夢中になったことは？
12	どんなに忙しくてもこれだけは見るという情報は？
13	これまでどんなことにお金をかけてきた？
14	好きな作業は？　どんな分野に活かせそう？
15	得意な作業は？　どんな分野に活かせそう？
16	どんなジャンルの本や雑誌を読むことが多い？
17	問題意識を感じることは？
18	どんなプロジェクトやイベントに参加することが多い？
19	飽きずに見ていられるメディア(テレビ、本、SNSなど)は？
20	無意識に集めていた知識は？

21 深く学んでみたい知識は？

22 何でも身につくとしたらどんな実技を身につけたい？

23 気づくと何を考えていることが多い？

24 どんな知識だと覚えるのが早い？

25 どんな分野で活躍している人を見るとテンションが上がる？

26 何に取り組むと理想の1日になる？

27 気づくと熱く語っているテーマは？

28 家族や仲間とどんな会話をするのが楽しい？

29 1ヶ月休みがあったら何をしたい？

30 人間関係が最高だったらどんな仕事をしたい？

31 生まれ変わったとして新たにやってみたいことは？

32 今も昔も変わらず好きなことは？

33 世界一の専門家になれるとしたらどんな分野で活躍する？

34 1人きりの時間にどんな活動をすることが多い？

35 家族や仲間がいるときはどんな活動をすることが多い？

36 1時間だけとてもぜいたくな時間を確保できるとしたら何をする？

37 これまでの人生で一番時間をかけたことは？

38 どんな知識を学ぶと今の悩みを解決できる？

39 楽しかった部活や習い事は？

40 学生時代に熱中していた取り組みは？

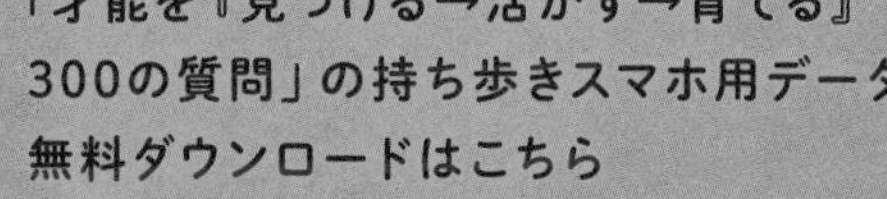
▷「才能を『見つける→活かす→育てる』300の質問」の持ち歩きスマホ用データ無料ダウンロードはこちら

※かならず248ページの注意事項をご確認ください。

これさえ受ければOK！
おすすめの才能診断

本書とは別に費用と手間がかかってしまうので本文内ではお伝えしませんでしたが、「才能診断を受ける」ことでも才能を見つけられます。

みなさんは、才能を見つけるために診断を受けたことはあるでしょうか？

正しい使い方ができれば、才能診断はとても有効です。

ただ、才能診断は間違った使い方をしてしまう人が多くいます。その場合は、むしろ自分の可能性を狭めることになってしまいます。

また、「いろんな診断があるけれど、どれを受ければいいの？」と気になる人もいると思います。

そんな疑問をすべて晴らすために、ここでは以下の４つについてお伝えします。

- **才能診断の間違った使い方、正しい使い方**
- **才能診断の分類**
- **おすすめの才能診断**
- **結果の活かし方**

才能診断の間違った使い方、正しい使い方

「自分にはこれが向いているんだ！」

過去に才能診断や性格診断、占いなどを受けて、このように思ったことのある方も多いはず。

僕も自分を知ろうとし始めたころ、同じように診断を受けまくっていた時期がありました。いろんな診断を受けては、自分の長所・短所や、適職欄を見て一喜一憂をくりかえしていました。けれど、いくつ診断を受けても、気がつくとその診断結果を忘れて日常を過ごしてしまっていました。

そして気づいたのは、診断だけで「自分の才能はこれだ！」と自信を持つことはできない、ということです。

診断結果の文章には、もっともらしいことが書かれています。そこで「自分はこういうタイプなのか」と言葉で納得することはできるでしょう。ですが、診断結果を「過去の自分の経験」とつなげることができなければ「自信」を得ることができないのです。

なぜなら、それはお伝えしたとおり、具体的な過去の経験に支えられていない「才能」に対する自信はすぐに崩れてしまうからです。

正しい使い方は「診断の結果を、才能の仮説にする」こと。診断の結果は絶対視するものではなく、あくまで1つの判断材料として捉えることが重要です。そうしないと、いつまでも占いや診断に振り回されることになってしまいます。

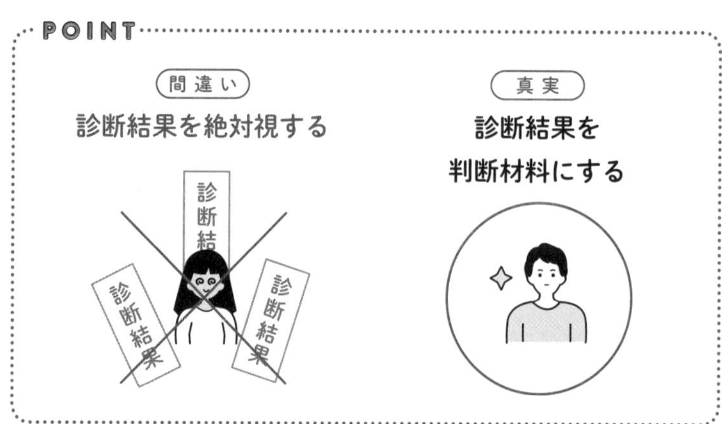

受けるべき才能診断と、受けなくていい才能診断がある

「じゃあ、受けるべきおすすめの診断はありますか？」

次に気になるのはこれですよね。

世の中にはたくさんの才能診断・性格診断があります。

ですが、科学的根拠に基づいているものは少ないのも事実。

ここでは、みなさんが迷わないようにどの診断を受けるべきかを明示します。

具体的な診断名をお伝えする前に、まず知っておいてほしいことがあります。それは、「才能診断や性格診断には大きく2つの種類がある」ということ。1つは受けるべきですが、もう1つは受ける必要がありません。それがこちらの2種類です。

1.「タイプ論」に基づく診断
2.「組み合わせ論」に基づく診断

どちらを受ければいいのかが気になると思います。

結論をお伝えすると、自分を理解するためには「組み合わせ論に基づいた才能診断を受けること」をおすすめします。

「なんでタイプ論はダメなの？」「そもそもタイプ論とは？」「組み合わせ論とは？」など気になることが多いと思うので、わかりやすく説明します。

「タイプ論」の才能診断とは？

まず、タイプ論とは、文字通りタイプ分けのことです（心理学での正式名称は「類型論」と言いますが、本書ではわかりやすくタイプ論とします）。みなさんにとって馴染み深いであろう血液型での性格診断もこのタイプ論の1つです。

A、B、AB、Oという4つのタイプに分けて、「A型はこんな性格」などと示すのがこのタイプ論の特徴です。

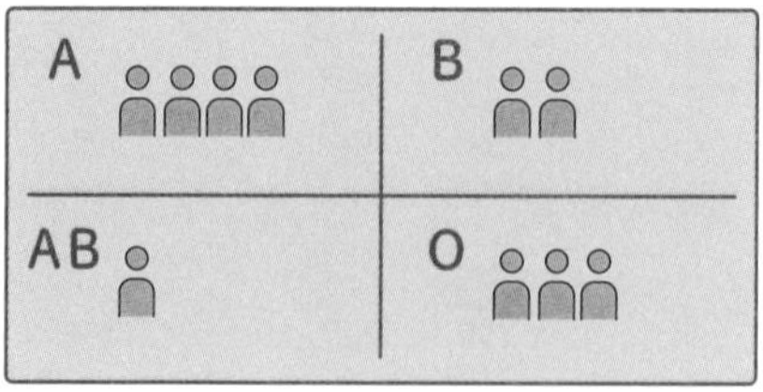

A　B

AB　O

誰しも一度はタイプ論の才能診断を受けたことがあるのではないでしょうか？　しかし、その診断結果を見て「この点は合ってるけど、ここは違うな」と感じることが多いと思います。

例えば、僕の場合、「B型は自分勝手です」というのはわかるのですが、他の特徴に関して言うと「全部当てはまるわけではないよな」と思ってしまいます。

これは当たり前の話で、そもそも人間を４タイプに分けられるわけがないのです。

ちなみに、血液型診断に科学的根拠はありませんが、タイプ論のテストの特徴を説明するための例として使わせてもらっています。他にもタイプ論のMBTI診断では16タイプ、エニアグラム診断では9タイプなどに分けます。つまり、**タイプ論は大まかに人を分けるのには向いているのですが、自分を細かく理解するのにはあまり適していません。**

一方で、何人かでお互いを理解するときなどには「Aさんはこのタイプ」と言うとわかりやすく、使いやすいというメリットがあります。

また「チームの傾向としてこういうところがあるよね」とか、「あの人はチームにおいてこういう役割をしてもらうほうがいいよね」と他人について考えるときには使いやすいです。

このように、タイプ論にはメリット・デメリットがあります。

「組み合わせ論」の才能診断とは?

そして、組み合わせ論とは「複数の才能の組み合わせとして人間を捉えるもの」です(心理学での正式名称は「特性論」と言いますが、本書ではわかりやすく組み合わせ論とします)。

例えば、ストレングスファインダーという才能診断は、34種類の才能の組み合わせで「自分はどういう人間か」ということがわかるツールです。「才能の組み合わせ」で自分を理解していくので、トップ5の組み合わせだけでも3300万通りあります。自分を深く

八木仁平のストレングスファインダー結果

1	競争性
2	最上志向
3	目標志向
4	未来志向
5	指令性
6	自我
7	戦略性
8	学習欲
9	着想
10	自己確信
11	内省
12	活発性
13	信念
14	親密性
15	達成欲
16	コミュニケーション
17	規律性
18	ポジティブ
19	収集心
20	アレンジ
21	運命思考
22	分析思考
23	個別化
24	責任感
25	慎重さ
26	社交性
27	包含
28	成長促進
29	原点思考
30	回復志向
31	調和性
32	公平性
33	共感性
34	適応性

知りたい、細かく理解したいという方にはこの「組み合わせ論の診断」が最適です。

一方で、チームなど何人かでお互いを理解したいときには、細かすぎてよほど深く学ばない限りわかりづらいため使いこなすのが難しいです。

あらためて、この本は「自分を理解すること」が目的なので、「組み合わせ論に基づいた診断」をみなさんにおすすめします。

ここまでお伝えしたことをまとめると、以下のようになります。

才能診断整理表

タイプ論	組み合わせ論
タイプとして人間を捉える	複数の才能の組み合わせとして人間を捉える
例：MBTI、エニアグラム、血液型診断、ソーシャルスタイル、DiSC、ウェルスダイナミクス	例：ストレングスファインダー、VIA-IS、BIG-5
細かい特徴を見逃しやすい	才能を細かく捉えることができる
パッと傾向をつかみやすい	パッと傾向をつかみづらい
何人かで相互理解をしたいとき	自分を理解したいとき

「これを受ければOK!」おすすめの才能診断

では、「組み合わせ論」の中でおすすめの才能診断を紹介しましょう。受けるべき診断はたった2つ。

・ストレングスファインダー
・VIA-IS（ビア）

この2つをおすすめします。

1つだけ選ぶとしたら、日本人の場合は「ストレングスファインダー」をおすすめします。なぜかと言うと、日本国内で受けている人が多く、日本語での解説が豊富にあるからです。

VIA-ISもとてもいい診断ではありますが、日本ではまだ普及しておらず、診断を受けたあと活かすのに困りがちです。

診断ツール活用の本質はすべて同じ

では、才能診断の結果の活かし方について説明しましょう！

あなたがどんな「才能診断」「性格診断」を受けようと、それを活かすための考え方は全く同じです。

診断の解説では、その才能や性格がどう「長所」になったり「短所」になったりするのかを示してくれています。

なので、本書で説明した流れと同じように、

1. 見つける
2. 活かす
3. 育てる

このステップもまったく同じです。

診断を受けたあとの使い方

具体的な使い方を、「ストレングスファインダー」を例に説明します。ストレングスファインダーでは、34種類のうち自分が持っているトップ5の才能を教えてくれます。その5つの才能に対して、2つの手順を行ってください。

手順1　当てはまると感じる才能の文章を動詞で抜き出す
手順2　その才能が過去に出た経験を書く

例えば僕の場合は、ストレングスファインダーでは「最上志向」という才能を持っています。

手順1 当てはまると感じる才能の文章を動詞で抜き出す

解説文を読むと、「何かを最高のものに高めることに、胸が躍る」という文章にピンときました。

手順2　その才能が過去に出た経験を書く

これはまさに今、「この本を最高のものにしようと作り込んでいること」と関係していそうです。

このように、解説文を読みながら、過去の経験をどんどん思い出していってください。これをストレングスファインダーの場合も、VIA-ISの場合もトップ5の才能に対して行ってもらえればOKです。

見つけた才能は、他の3つの技術と同様に「才能マップ」に整理します。

このように、うまく診断ツールを使い才能を見つけるのに役立ててください。

本書と診断ツールを利用し、あなたの才能が社会で輝く瞬間が見られることを本当に楽しみにしています。

八木 仁平（やぎ・じんぺい）

3ヶ月10STEPでやりたいこと探しを終わらせる「自己理解プログラム」開発者。高知県生まれ。早稲田大学在学中コンビニのアルバイトを2ヶ月でクビになり自信を喪失する。その後、本当にやりたいことを見つけるため、独自の「自己理解」に取り組む。その手法を発信し始めたところ、ブログは累計2600万PV、Twitterフォロワー数4万人超に。「自己理解プログラム」には全国から問い合わせが殺到している。最終目標は「国語・算数・理科・社会・自己理解」といわれる世界をつくること。著書に、30万部を突破した『世界一やさしい「やりたいこと」の見つけ方』、『世界一やさしい「才能」の見つけ方』(KADOKAWA)がある。

9のプレゼントが受け取れる著者公式LINE

1. 図解版『世界一やさしい「才能」の見つけ方』117ページ
2. 図解版『世界一やさしい「やりたいこと」の見つけ方』135ページ
3. 「才能マップ」の記入例
4. 「才能マップ」の作成フォーマット
5. 「才能を『見つける→活かす→育てる』300の質問」すべての回答例
6. 「才能4タイプ分類表」の持ち歩きデータ
7. 持ち歩ける!「才能の具体例1000リスト」のスマホデータ版
8. いつでも見られる!「才能を『見つける→活かす→育てる』300の質問」スマホデータ版
9. 本書に掲載しきれなかった才能を活かした人のエピソード集

https://liff.line.me/1656275029-xrXJQ3ml/landing?follow=%40snl9542m&lp=vC23zT&liff_id=1656275029-xrXJQ3ml

世界一やさしい「才能」の見つけ方
一生ものの自信が手に入る自己理解メソッド

2023年4月3日　初版発行
2023年8月5日　5版発行

著者／八木 仁平

発行者／山下 直久

発行／株式会社KADOKAWA
〒102-8177　東京都千代田区富士見2-13-3
電話　0570-002-301(ナビダイヤル)

印刷所／大日本印刷株式会社

●お問い合わせ
https://www.kadokawa.co.jp/（「お問い合わせ」へお進みください）
※内容によっては、お答えできない場合があります。
※サポートは日本国内のみとさせていただきます。
※Japanese text only

定価はカバーに表示してあります。

ISBN 978-4-04-605205-6　C0030